続 アボジがこえた海

在日朝鮮人一世の戦後

李興燮《リ・フンソプ》 著
室田卓雄 編

解放出版社

装幀●森本良成

目次

目次

Ⅰ　玉音放送を待つ

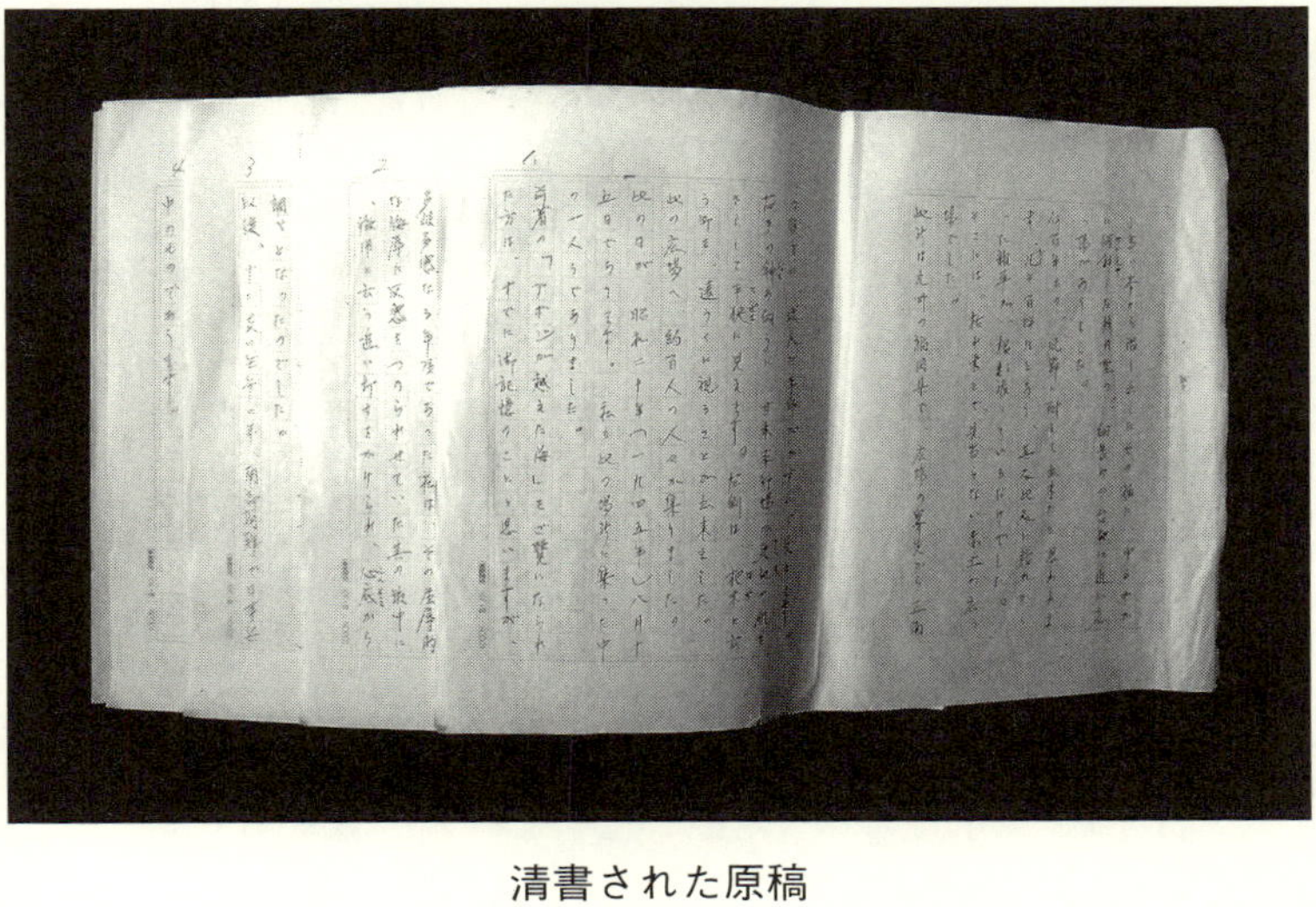

清書された原稿

父親の語り草

小高い峰から張り出したすそに、ゆるやかに傾斜した楕円《だえん》形の台地の広っぱがありました。何百年もの風雪に耐えて出来たと思われます。広っぱは百坪ほどあり、そこここに枯れかかった雑草が根を張っているだけでした。そこは枯れ木も見あたらない赤土の広っぱでした。

ここは九州の福岡県で、広場の鼻先から正面のかなたに、広大な平野が霞《かす》んで見えます。右手斜め向こうには甘木《あまぎ》飛行場が更地《さらち》の肌《はだ》をさらして手狭《てぜま》に見えます。左側は杷木《はぎ》という町を遠くに見ることができました。この広場へ約百人の人々が集まりました。この日が昭和二十（一九四五）年八月十五日です。私もこの場所に集まった中の一人でした。

前著『アボジがこえた海』をご覧になられた方は、すでにご記憶のことと思いますが、私は当時の日本の国民徴用令にしたがって、見ず知らずのこの日本へ連行されました。故郷は現在の北朝鮮の南部で、畑仕事の最中に昼食をとる余裕すら与えられず、軍人と役人の手によって強制的に連行されてきました。

昭和十九（一九四四）年の五月、十七歳の時です。この時、すでに祖国朝鮮は数千年の伝統を持つ朝鮮民族の姓を奪われ、創氏改名を強要されていました。すべての朝鮮人民はその強圧に恐れ、恨《うら》みつらみを束《たば》ねながらも、日本式の二字姓に変えました。私の家系の李《り》氏は、先祖の発祥地である慶州《けいしゅう》の地名をとって、名字を慶州としていました。したがって、私は慶州という姓で徴用されたのです。

多感な年頃であった私は、その屈辱的《くつじょくてき》な侮辱《ぶじょく》に反感をつのらせていた最中でした。徴用という追い打ちをかけられ、心底から大日本帝国を憎《にく》み、そして恨むようになりました。いかに武力が強大であろうとも、その政策や行為に正義と謙虚さがなければ、それはもはや悪党どもの集団としかいいようがない。

この時の日本は、日清戦争に勝ち、続いて日露戦争にも勝って、その強大な武力に天地の神や仏をも恐れぬほどに悪辣《あくらつ》で我がままを恥じることなく、朝鮮国土に、朝鮮民族に、無理難題を押しつけ、侮辱《ぶべつ》の限りをつくしたのです。朝鮮侵略の企《くわだ》ては、その昔、豊臣秀吉から始まり、その潜在的な思想を引き継いだのが明治政府でした。

明治政府の初期、征韓論を沸《わ》かし、その勢いをもって遠く朝鮮半島を迂回《うかい》し黄海へ行き、そこにある江華島という小さな島へ上陸しました。そこに住んでいる朝鮮人と交戦したのが、そもそもの実戦のはじまりであり、朝鮮侵略の小手調べとなったのでした。

日本軍によって朝鮮王宮が占領されたのが一八九四（明治二十七）年であり、のちに朝鮮王子は人質として、日本本国へ連行されたそうです。その王子は後年、日本の皇室に関連のある女性と結婚されました。

この時点でもまた、朝鮮侵略の過渡期であったのです。日本の野望がここでとどまるわけがありません。朝鮮国の王宮を占領後十年、最初の明治初期の征韓論から延々と三十年の年月をかけて、一九〇五（明治三十八）年に、韓国統監府という厳然とした朝鮮を支配していく行政府が設置されました。

これらの経過は私の父親が折々にふれ、親子の会話の中に仕込まれた記憶のものです。親父が私にこのような日本の非道を話してくれたのは、私が十四、五歳の頃でした。その頃とて私は精神的に未熟であったもので、私は単なる世間話として聞いていたものです。それまでの親父は、子供が悪さをしようが、喧嘩《けんか》をしようが、何にも口出ししない親父でした。もちろん、学問や家事手伝いに至るまで一切干渉《かんしょう》しない人で、いわばほったらかしといった状態であったのです。それでも私は、いつ頃からか農作業の手伝いをするようになっていたのです。その頃、何とか親父に追いつこうと懸命《けんめい》になっていたものです。父親もやっと息子の成長ぶりが目に留《と》まったのだと思われます。

普段は無口で通していた親父でしたが、朝鮮国内の情勢から中国、ロシア、アメリカなどの国々の動きなどを、織り混《ま》ぜて話すようになっていました。

特に中国のことになると、日本はその後、朝鮮とその向こうにある中国東北部一円の広大な地域を、武力をもって占領し、そこに朝鮮同様、植民地に値する国家を新設していました。そこを満州国と名づけ、今は何十万という日本軍が集結しているのだ。どうして、なぜ、そのような大軍が必要なのか？ それは近い将来、中国征服のためのものなんだという、日本のあからさまの挑発であり、相手の弱みにつけこんだ横柄《おうへい》な態度なんだ。それでも中国は戦争になることをさけようと懸命なようだが、おそらく中国の無駄な努力で終わるだろう。

我々朝鮮民族としては、中国の努力が実るよう願っているのだが、日本は大東亜共栄圏とやらをかかげ、中国征服をもくろんでいるから、振り上げたコブシをただでおろすことなどあるまい。日本は何がなんでも中国征服に突き進むに違いない。日中全面戦争はもう時間の問題のような気がする。その時、日本の植民地である朝鮮はどうなるのか…？ だれも知らないし、だれも予測できないのだ。ただ、日本がいかなる強大な武力をもってしても、中国国民の魂《たましい》まで抜き取ることはできない。我々朝鮮民族だって、武力によってねじ伏せられてはいるが、民族の誇りや魂まで抜き取ることはできないのだ。この先どんな異変にさらされようと、いったん朝鮮民族に生まれた以上、体のすみずみまで授《さず》けられた誇りや魂をしっかり抱《いだ》いていないと、一人ひとりの人間として、生きていけないいんだ。

人は自然に生まれ、自然に育ち、自然に死に至るのが人生というものだ。時勢《じせい》によっては外敵、外圧などによって、その自然体を破壊され、翻弄《ほんろう》されてしまうのだ。しかし、人間という生き物は天性的に知恵を授けられている。いつの日か、お前も必ず知恵を絞《しぼ》らなければならない時がやってくる。そんな時、今の日本のような悪辣《あくらつ》な知恵を引き出すのか、それとも善良な知恵を絞り出すのか、知恵の出し方によって再び生き還《かえ》るか、何もかも滅び失うかが決まるのだ。

もう一つ、人間が生まれるということは、それは自分の寿命の限り生きるために生まれるのであって、死ぬために生まれたのではないということを忘れてはならない。

普段、無口で通っている親父は、これだけのことを何年もかかって私に言い聞かせてくれたものです。この親父の語り草は、後年私が成人して、特に徴用人として日本に連行された時点から、親父の語り草を思い出しては応用し、あるいは参考にしたので生き延びることができたものです。

日本は強大な武力だけを持って、朝鮮を侵略し中国をも征服しましたが、それは大きな誤算《ごさん》であり、卑劣《ひれつ》な野望であったと思います。日本人に大和魂があるのなら、他のどの国にも国家の誇りがあり、民族の魂《たましい》だってあるのです。それを力ずくで押さえ込もうとたくらむなんて、神をも恐れぬ大罪でありましょう。

親父の語り話が折々に続く中、一九三七（昭和十二）年満州国に集結していた日本の大軍は、中国全土を包むかの如く進軍ラッパを吹き鳴らしたのです。そしてこの戦争はとどまることなく世界戦争へと突き進んだのでした。

日本の野望

当時の戦争というものは、俗にいう人海戦術で、何よりも先ず敵兵を殺し、それに疑わしい者も片っぱしから殺していくのが戦争の基本行動でした。

何はともあれ、敵にあたる軍兵はもとより、敵国の国民に、日本の軍兵がいかに強く武勇であるかを示すために、冷酷非情《れいこくひじょう》な行動を平然とやってのけたのです。実際に朝鮮の三・一独立万歳事件を見ても、中国の南京虐殺事件を見ても、見る人だれもが顔をそむけ、まともに見られない、凶悪《きょうあく》としかいいようのない鬼畜《きちく》的行為でありました。日本軍はこのような蛮行《ばんこう》を繰り返しながら、中国各地を制圧すると、その矛先《ほこさき》を東南アジアに向きを変えて、多くの国々を踏み潰《つぶ》し、果ては南洋諸島の国々までも制圧して行きます。

一九四一（昭和十六）年十二月八日に、アメリカに対し宣戦布告を下しました。日本海軍の空母は暗闇《くらやみ》の海原《うなばら》を密かに乗り越え、真珠湾に到達と同時刻に合わせて宣戦布告しました。真珠湾に集結していたアメリカ戦艦を奇襲し、抵抗する時間を与えずに多くの将兵を生き地獄へ落し入れたのでした。日本は拍手喝采《はくしゅかっさい》の祝杯《しゅくはい》をあげました。いかにも卑怯《ひきょう》な日本の行為だったのです。その行為は誰が見ても、暴徒の仕業《しわざ》であり、許しがたい凶悪な犯罪であったと思います。これほど悪辣《あくらつ》な暴挙《ぼうきょ》を重ねるに及んでは、アメリカでなくても怒りもあらわに断罪のための引導《いんどう》を渡すべく牙《きば》をむくに違いありません。

この宣戦布告によって、自分達の国民全体にどれだけの犠牲を強いたことか？ それのみならず、日本は地球のあらゆる国と戦争状態に落ち込んだのです。いかに野望に血迷ったといえ、大人だけでなく学生まで動員するに至っては、それはもはや野望というより狂人、狂乱のたぐいというものであります。

かくして日本国土には、労働力が極端に減少し、その労働力をおぎなう手段が朝鮮民族を狩りたてることに及んだのでした。国家体制が貧弱であったにもかかわらず、向こう見ずな戦宣を布告して三年後、日本の上空にはアメリカ軍機が雪崩《なだれ》のごとく飛来し、航空基地や軍港、あるいは軍事関係の設備などを破壊し、人々に恐怖の念を植えつけてゆくのでした。

この頃、朝鮮国内では米や雑穀まで供出という名において、ほとんどの食糧物資を取りあげ、布地の原綿であるとか、鉄製の古道具とかまでも供出させられていました。自給自足を家訓として生計を立ててきた朝鮮の農民たちは、その掟《おきて》を潰《つぶ》されると同時に、衣服になる木綿や絹地が配給制になり、一人あたり年に何尺と決められ、耐乏《たいぼう》の日を過ごしていました。そしてどう考えてもつじつまの合わないことは、米や原綿を供出する時はタダに近い値段で取り上げながら、それらを配給で受ける時は、その時の値段で買わされたのでした。実に酷《むご》い仕打ちであったのです。これらも親父から直接聞いた話なので嘘偽《うそいつわ》りであろうはずがありません。

当時の朝鮮民族全てがあらゆる迫害《はくがい》を受け、それに耐え抜くほかになかったのでした。日本は圧倒的な武力の圧力をもって、朝鮮の隅々まで警察権力を配置し、威圧《いあつ》し束縛《そくばく》して迫害《はくがい》を欲しいままにしていました。そこには、もはや人間生活の原理である秩序《ちつじょ》も良心もかき消されてしまっていたのです。幸せに生きていた朝鮮民族の秩序や誇りは、強大な日本帝国の軍靴《ぐんか》で踏《ふ》み潰《つぶ》されていったのでした。

ヨモル村

私が生まれたヨモル村はわずか百軒そこそこの小さい村でした。この村の約半数が鄭《チョン》という一族に占められていて、私の母親も鄭一族の出身でありました。父方の李一族はたったの三軒しかなく、その他の族も同様で、村の半数ほどが寄り集まりといった具合《ぐあい》でした。村は必然的に鄭一族の支配という状況にありました。

その延長線上において日本がアメリカに宣戦布告後は、この鄭一族が日本の権力を代行し振りまくようになりました。鄭一族は母方の母体であり親戚《しんせき》でしたが、少年であった私の目に映る鄭一族は、朝鮮民族としての誇りを失い、日本の強大な権力の飼い犬のようにしか映りませんでした。

村の中央にある公会堂（公民館）の片隅に旗柱を立て、毎朝学徒を集め、日本の国旗をあげて、「君が代」を歌わせ、東方礼拝を主導したのが鄭一族でありました。

また、村はずれの森に日本の神社を建てました。この費用は村民に寄付を強要《きょうよう》したものです。そして、日本が中国の都市を占領するたびに、その祝賀行事として村民に提灯行列《ちょうちんぎょうれつ》をさせ、神社参りと共に「天皇陛下万歳」の三唱を強要したのも鄭一族でした。鄭一族の元締《もとじ》めであり、私の外叔父に当たる家には、朝鮮を統治していた朝鮮総督府からヨモル村の発展に寄与したという賞状が掛けてあったのです。私はこれらを見るにつけ、外叔父一家の鄭一族が疎《うと》ましく、村民の他の部族に会わせる顔がないような気持ちになったものでした。大人のような判断力には欠けていましたが、感情は大人よりも純真であったと思います。己の欲のために他の人々を踏みつけることは、最も罪深いことだと思います。

私は母親と生活できたのが十四年間、父親とは十六年間しかありませんでした。母も父もこの地球上に二人とない最も尊敬し愛することのできる人間でした。

精神的には未熟でありましたが、感情的には鄭一族と、その一族の出身である母に対する思いは、はっきりと区別をつけて対処《たいしょ》できたと思っています。

私が徴用で連行された日、畑仕事の最中に黄色い封筒を父に渡したのが、ほかでもない鄭一族の叔父に当たる人で村の役人さんであったのです。この時、私は無言で一礼すらせず、小さな意地を通したものでした。

こうして大いなる将来を持つ少年の純心を乱し、その将来をもぎ取り、その肉体に鎖を巻いて、その人生をねじ曲げたのは一体誰なのでしょうか…？

人の世に陽《ひ》が当たる限り、人の人生もまた、その豊かな恵みを元に、心身とも自由で安住の生涯でなければなりません。それをくつがえす権利など、人間同士の間ではあってはならないことなのです。

人の世には強い者あれば弱い者もあり、一歩進んだ国あれば遅れた国もあります。それらは世の習わしであり、決して無能でも野蛮《やばん》でもないのです。己が進歩しており、己が強いからといって、他国の人をさげすみ、他国の人を滅《ほろ》ぼすなどという行為は許されない大罪でありましょう。その罪はたとえ百年たっても、消して無くすことなどできないことだと思います。人の世でいう地獄とは、あの世にあるものでなく、その時、その時世の悪政や人心の乱れの狭間《はざま》から噴《ふ》き出し、覆《おお》い被《かぶ》さって来るものと思います。

世の中が乱れているなんて、よく耳にすることがありますが、この時の世の中が乱世というにぴったりでした。

広島・長崎に原爆投下

まず真っ先に世の中を乱したのが日本でした。中国と戦争を交えながら、アメリカまでも敵にまわし、その勢いで東南アジアから南洋諸島へと戦禍《せんか》を広げる、という無軌道《むきどう》ぶりでした。

この時期、西欧ではナチスドイツが、手あたりしだいに隣国はもちろん、はてはソ連にまで戦争をいどみ、ここでも史上、例を見ない虐殺行為《ぎゃくさつこうい》をしていたのでした。望む望まぬにかかわらず、地球上の全世界が戦争に巻き込まれてしまうという世の中になりました。日本はアメリカに宣戦布告してから半年後、崖《がけ》から落ちるような戦況だったのです。

アメリカと戦争の対決をして二年目、一九四三（昭和十八）年となりますと、日本は布地や食糧と共に、戦争に最も必要な鉄鉱資源や石炭が、労働力不足のためその生産が追いつかず、いよいよ国家の危機に追い込まれていったのでした。

この頃はすでに内鮮一体《ないせんいったい》という造語が流布《るふ》され、全朝鮮に内鮮一体（朝鮮では日本のことを内地と呼んでいた。つまり内鮮とは日本と朝鮮のことであり一体とは「ひとつ」、言い換えると日本と朝鮮は「ひとつ」ということ）を強調して、朝鮮人に日本に対する忠誠心《ちゅうせいしん》を煽《あお》り立てていました。

この時点、日本は切羽《せっぱ》つまっていたのです。この時、日本は不利な戦況や国内の窮状《きゅうじょう》を自国民はもとより、内鮮一体を鼓舞《こぶ》した朝鮮に対しても、国家の危機、戦況の窮状《きゅうじょう》を知らしめ、それこそ内鮮一体となって、それぞれの知恵を出し合って打開策を練るべきであったと思います。しかし、野望に目がくらんだ日本の為政者達は、この時機の重大さを軽んじ、自分の国、自らの国民を欺《あざむ》き翻弄《ほんろう》したのでした。この時の国威《こくい》や戦況《せんきょう》を発表する大本営の発表は、全てが偽《いつわ》りであり擬装《ぎそう》そのものであったからです。

大本営発表は勝利の戦況で満ち満ちていましたが、そんな状況とは裏腹《うらはら》にアメリカ軍機は、やすやすと日本本土に飛来し、軍用施設はもちろん、大都市などを爆撃破壊するようになっていました。昭和二十年の正月に私は炭鉱脱走に成功したものの、脱走者につきものの追跡《ついせき》から逃れるため、つぎつぎと居場所を変えていました。そして、常に心休まることなく戦争を憎《にく》み、日本を恨《うら》む日々を費《つい》やし、自分一人生き延びることのみに打ち込んでいたものでした。

徴用人であり炭鉱脱走者であった私は、ひたすら姿を見せない相手を恐れ、その追跡から逃れるための行動でありましたが、私の立場とは対照的に、日本の上空は日を追って、アメリカ軍機の空襲は激しさを増してきました。

最初の頃の大型爆撃機のB29という機種に代わって、小型で俊敏性《しゅんびんせい》のある艦載機《かんさいき》が主力となっていました。この頃では昼も夜もおかまいなく中小の都市を破壊し、田んぼや畑の野良仕事の人々までも追っかけ、地面すれすれに飛びながら連発機関銃を打ちまくる有様で、どんなにひいき目に見ても、日本の敗北が手にとるように分かる状況でありました。

こうして、戦争の激しさが人々の目の中を飛び散る最中の昭和二十年の八月初旬、それまで予想もしていなかった空中爆発の原子爆弾が投下されたのです。その爆弾は空中でピカッと閃光《せんこう》を放ち、その閃光を浴びた人間は焼けただれ、植物は枯れ果てるという爆弾であったのです。ちなみに、その爆弾の異名をピカドンと言っていました。そのピカドンの最初に犠牲になったのが広島市で、その三日後に再び今度は長崎市が犠牲になったのです。

これらのことは、私がこまごまと説明しなくても、すでにご承知のことと思います。ところが、その時の大本営発表は、「新型爆弾投下せり」であり、その威力《いりょく》や現場のこの世の地獄となった惨々《さんさん》たる様相などの発表はありませんでした。見るもの聞くもの、目に入ってくるのは、鬼畜米英撃滅《きちくべいえいげきめつ》だけでした。私はその時、自分の捕縛《ほばく》を恐れて逃避《とうひ》の最中でしたので、おおっぴらに情報など仕入れることもできず、このピカドンの惨状を知ったのは二日も三日も後のことでした。

広島や長崎の街が一瞬にして、無残な屍《しかばね》となり焼けただれた醜態《しゅうたい》をさらすなど、だれにも予想など出来なかったことです。それらの犠牲者こそ浮かばれない英霊《えいれい》であると思いました。しかし私自身の立場で考えると、長かった戦争もこれで終わるかもしれないし、悪の限りをつくした日本についに天罰《てんばつ》が下ったのだ。これでも白旗を振らなければ、日本全土に天罰による火の雨が降り注ぐであろうと、本当にそう思ったものです。

天は日本に下す罰をアメリカに代行させたと思うのです。それにしても、野望のたくらみを練り、政府と軍部の本拠地は東京のはずなのに？　なぜなんだろうと疑念に思ったのでした。

それから一週間後、八月十五日。冒頭《ぼうとう》に述べたとおり、九州福岡県の甘木《あまぎ》と杷木《はぎ》の谷間にある自然台地に私はうずくまっていました。この日は慣例のお盆の中日でありましたが、この地区を管轄《かんかつ》する軍部の命令によって、集合させられたのは午前十時頃でありました。

この日はそよと吹く風もないのに、だれかが動くたびに赤土のほこりが硫黄《いおう》の煙のようにかすめる炎天下《えんてんか》で、肌《はだ》がただれるような日でした。私達は山すそを背にして、眼下の平野を前面にしていました。座っている台地の前には、私達を前にして逆V字型にリンゴ箱が並べられていました。片方に軍人が、片方にこの辺《あた》りの村役と見られる人達が詰襟《つめえり》の国民服を着た老人を交えて腰掛け、沈痛《ちんつう》な雰囲気《ふんいき》を漂《ただよ》わせていました。

集合命令を伝達に来た軍人から、あらかじめ本日は玉音放送《ぎょくおんほうそう》があると聞いていたのですが、その玉音放送とはどんな放送なのか聞き初めでした。大本営とやらがまた何か良からぬことをたくらみ、それを放送するのだろうと、たかをくくった気分で集合場所の台地へ行ったのでした。そこで真っ先に目についたのが、逆V字型に並べられた中央に滅多《めった》に見ることの出来なかった音声機（マイク）が取りつけられていたのを見て、大本営発表ぐらいに思っていたのとは違うことを感じました。黒光りする一本の鉄棒が台地全体を威圧《いあつ》している感じであったのです。

今日の玉音放送というのは、放送の後に、だれかが何かを喋《しゃべ》るという段取りに違いないと思いました。私などは玉音放送自体、何なのか初めてでしたから、全くのところ、これこそ糠《ぬか》に釘《くぎ》といったあんばいでした。わけが分からないままに炎天下で待つということは、防空壕掘《ぼうくうごうほ》りの仕事以上に苦痛なことでした。

日本人の中川さん

こうして小一《こ》時間もたった頃、私達の飯場にただ一人いる日本人の中川という人の姿が見えないことに気づいたのです。私達の飯場は国本飯場といっていましたが、いうまでもなく親方の国本さんも朝鮮人で、また、いわゆる土方と呼ばれる労働者も全員朝鮮人でした。

この台地を起点にして、山の中腹あたりに防空壕掘りをしていましたが、その防空壕掘りの現場周辺に飯場が三軒ありました。

当時の日本の世相にしては大変珍しいことでした。三等分に分けられていたとはいえ、百人前後の朝鮮人ばかりの集団の中にたった一人の日本人が、表面的ではありますが何のこだわりもなく、まぎれこんで対等に暮らしていることに、私などはとても不思議であり、変わり種だと感じておりました。

この時の飯場というのは、ほとんど食事時の飯台というのが立ち食い専用に作られていて、座り椅子《いす》などありませんでした。しかし、この中川さんだけが椅子に座って悠々《ゆうゆう》と、ドンブリのドブロクを飲みほし、食事にかかるさまでありました。顔はちょっと長めで体型は中肉中背でしたが、日本人独特の青白いひげづらでもなく、おでこにシワが一本もなくて、頭部の中天ぐらいまでつるんと禿《は》げていたぐらいが、特徴といえばいえるくらいでした。しかし、この人は絶対に中川さんだとひと目で見分けのつく特徴があったのです。それを本人に聞くことは、気配りという面でなかなか聞けなかったのです。偶然《ぐうぜん》に中川さんの真横で食膳《しょくぜん》につき、中川さんと二人きりになってしまった時、中川さんもほろ酔《よ》い機嫌《きげん》でしたので、それとなく気になっていたことを聞くことができました。実は中川さんは片方の右目が潰《つぶ》れて、左の目だけ正常なのです。中川さんは、

「聞きづらいことをよく聞いたなあ」

と正常な左目をギョロッと向けられ、ひやっとしましたが、それは一瞬のことで、

「みんな気兼《きが》ねしているんだ。今まで聞いてくる者もなかった。俺《おれ》はこの国本飯場で最古参《さいこさん》でもある。それなりに俺を立ててくれてもいる。そうしてみると、俺の方から潰れた目のことをことさらに喋《しゃべ》ることもできなかったんだ」

と言って身の上話が始まりました。

中川さんの生家は名古屋近辺にあり、先祖代々百姓で、自分が長男で妹一人をおいて弟が二人お

るということです。みんな一人前であり、妹は挺身隊《ていしんたい》で引っ張り出され、軍隊のキャハン造りの工場で働き、年が三十にもなるのに嫁にも行けずにいるんだと嘆《なげ》いていました。弟の二人は三年ほど前にそろって召集の赤紙がきて、支那（中国）の戦場へ行ったそうです。中川さん自身は弟達が戦場へ出征する前の年に家を飛び出したので、それ以来、自分から音信不通をきめこんで、今は生家のことも弟達のことも一切分からないんだと言って、飯場の壁の一点に目を据《す》えて寂しそうでした。私は何だか中川さんに余計なことを聞いたような気がして、

「ここだけの話ですけど、戦争っていろんな所へ被害をばらまくものですね」

と相槌《あいづち》を入れました。中川さんは、

「その戦争なんだけど、俺も召集を受けて身体検査を受けたんだ。見てのとおり片目が潰《つぶ》れているので不合格だった。俺はその翌日親にも黙ってとんずらしたんだ。なぜだか分かるか。怖《こわ》かったのさ。俺がもし家にへばりついてウロウロしたら大の男が軍隊に行かずにウロウロして！　と、寄ってたかって非国民と呼び、白い眼で追いまくるに決まっている。親だって困る！　俺はその日から日本人を捨てた。おまえと同じだ。日本人でもない！　朝鮮人でもない！　でもおまえ達より俺の方が立場からいうと何段も上だ。俺は何も引っ掛かりのない自由の身だ。俺が日本人をやめようが無国籍者になろうが誰にも文句は言わせない。ところがおまえ達はほとんどの者が逃げ回っているという身の上だ。ここではっきり言うと俺は自由自在で、おまえ達は追われるほうだ。でも俺はお

まえ達がうらやましいと思っている。なぜか。自分を賭《か》ける精神の強さがうらやましいんだ。俺は一時期死のうかと迷った時があったけど、朝鮮人ばかりの飯場へ入って、モタモタしているうちに、そんな気持ちをケロッと忘れてしまった。それは生き抜くことに自分を賭《か》けているおまえ達が、この潰れた片目に焼きついてしまったからだ。この潰れた目は俺が小学校に上がったばかりの秋、俺んとこの畑の角にあった柿の木から落ちて、木の切り株に目が突き刺《さ》さった。自業自得《じごうじとく》であり、これで一生が狂った。

一度あったことは二度、とよく聞くけど、今のこの日本、俺の人生と同じだ。見たことあると思うけど、『鬼畜米英《きちくべいえい》』、『米英撃滅《べいえいげきめつ》』の横断幕や、少し小さい貼紙《はりがみ》はどこに行っても目につく。ところが、この国の国民である日本人が、米英が『鬼畜』かどうか本当の姿を見た者は数えるぐらいの人間だけだ。それなのに、ほとんどの日本人が米英の人間を『鬼畜』の類《たぐい》と思って立ち向かっているんだ。俺だって米国や英国に行ったことがないから何にも分かっちゃいないんだ。俺は片方の目が潰れ、片方しか見えない目なんだが、大方の日本人は両方ともよく見える目を持っているのに、どうして目先が暗いのか情けない。

見たこともない人達を『鬼畜』と信じていいのかどうか、今の日本人は判断力がカラッきしねぇんだ。上の方から右向け言うと右を向き、左向けと言われると左を向くことしか能がねぇんだ。そのうち俺の目のように全ての日本人の心臓に鋼鉄の槍が突き刺される時がないとは限らない。それなのに、それでも、米英撃滅のために死ぬことが美徳であり、英雄と奉《たてまつ》られることに己の人生を賭《か》ける日本人なんかに俺は未練《みれん》のかけらもねぇい」

私は中川さんが喋《しゃべ》ってる間、ずっと顔を見詰《つ》めていましたが、「日本人でありながら日本人なんかに未練のかけらもねぇい」と言い捨てた時は、歯を喰《く》いしばってアゴの上《うわ》っつらの筋肉がキンキン盛り上がり、その中から歯のきしむ音が聞こえ、中川さんの腹立たしさや悔しさや、国家に対する怒りなどが吐《は》き出され、聞いている私まで叱咤《しった》されているような、そんな気持ちになりましたが、片方では哀《かな》しい心境にもなりました。中川さんの話は煙草《たばこ》を何本か吸う間続きました。

「俺は、今二十三歳で体もこのとおり丈夫《じょうぶ》だ。俺が家を飛び出したのが五年前だった。翌年日本はアメリカに戦争をしかけて今の状態さ。その前は俺だって百姓に精出していたさ。嫁をとれという話もあったけど、戦争は段々広がるばかりで心の落ち着きをなくした。だから嫁をとるのをためらって、結局良かったさ。この五年間家に一本の手紙も出していない。自分を守るためだ。居所を知られたら勤労奉仕隊に引っ張られるに決まっているからだ。自分で日本人をやめた以上、まして正義もヘッタクレもない侵略戦争に奉仕するなんてマッピラ御免《ごめん》だ。

俺は片目潰されて良かったと思っているんだ。もし片目でなかったら、今頃はどこか遠くの戦場へ行かされて、敵という多くの人間を撃ち殺したか、それとも、こっちがやられて野垂《のた》れ死にしたかだ。そんなことを考えるだけで寒気《さむけ》がするわな。どっちみち俺なんぞ務《つと》まるところじゃないさ。

それにしても、ここの国本おやじと出会って四年、朝鮮人ばかりとつき合っているせいか、それまで見えてなかった日本のやり方がだんだん鼻について、汚《きたな》らしさがぶら下がっているような気がしてならないんだ。さっきも言ったが、俺は自分では心底日本人をやめてる。でも、俺は間違いなく日本人の子だ。三十数年も生きてきて、国という枠《わく》の中がいかに不自由で、恐ろしくて哀しいものか初めて分かった気がするんだ」

中川さんはドブロク（原酒）を喉《のど》を鳴らして流し込み、同時に煙草を吸うという調子で話は続きました。ポンポンとぶっきらぼうの言い方でしたが、無駄《むだ》を省《はぶ》いて日本語の下手な私に、分かりやすく話してくれました。私だって話したいことは山ほどありましたが、タドタドしい日本語でしたので相槌《あいづち》を打つこともなく、ただ中川さんの話の意味を理解しようと一生懸命だったものでした。

どんぶり一杯のドブロクはすでに空になっていました。私は中川さんに、

「ちょっと待ってください」

と言って、食堂の横にある親方のところへ行って、ドブロクを二杯貰《もら》って戻り、中川さんに片方を差し出し、片方は私自身の前に置いて、

「私も一杯飲みます。中川さんも、もう一杯やって下さい。これは私のおごりです」

と言いました。中川さんは何にも言わず、まるで自分の物のようにどんぶりをかかえ、ぐっぐっと音を立てて飲み、どんぶりを飯台に置いて、

「おまえのおごりは格別にうめぇや」

と言うと、続けて、

「大きな声じゃ言えねぇけど、今の日本はこのままだと長くねぇい、とワシは思っとる」

と言いました。

中川さんは酒が回ったのか今まで俺と言っていたのが、突然ワシに自分の呼び方を変えていました。そしてまた、

「俺は思うけど日本を焼野にするのも日本を潰すのも、日本人そのものなんだ。これを助けることのできるのは、もうだれにもできねぇし、だれもいねぇい。おまえ達もその時のことを考えておくんだ。いざとなった時、あわてふためいても始まりゃしねぇてもんだ。広島や長崎に新型爆弾が落とされたって知ってるだろ。あれはな、日本の爆弾の何百倍かもあって広島も長崎も吹き飛んでしまったそうだ。もしあれが東京に落ちたんならと考えただけでゾッとするじゃねぇか。東京のど真ん中にゃ天子様が住んでるからよ。それにおまえ達の王様の息子だか孫だかも、来てるって話聞いたことあるしよ。よそ様の王家に傷つけちゃ顔向け出来ねぇ。まあ今の日本のお偉いさん達ぁ、そんなことまるで頓着《とんちゃく》なしだろうけどさ。何とか早く『ケリ』をつけていただきてぇもんだ。何もかもなくしてからじゃ遅いってもんさ。俺なんぞ能無しでもいいところだでよ、口、締め切って待つしかねぇよ。この頃じゃアメリカの飛行機が我がもの顔して飛びまくってさ、ところが日の丸の

飛行機はまるで見あたらねぇ、手も足も出ねぇって有様よ。変に意地張っても仕方ねぇもんによ。ケリつけたって何とかなるってもんよ。そうすりゃおまえ達朝鮮人だって、また違う道ってもあるってことよ」

そう言って中川さんは私に、片目をギョロッと向け、

「話はこれで終わりだ」

と打ち切ってしまいました。

約二時間も、中川さんの話は続きましたが「話はこれで終わりだ」と言った時の中川さんの顔は、いかにもサバサバしたといった感じでした。何といっても生まれて初めて、日本人自身の、それも特異な人生を生きている人とまともに向かい合って、身の上話から戦争の話、そして、私達朝鮮人に気配りするなど、長い時間話してもらったことに私は感激し興奮《こうふん》したものでした。

寝床に入っても中川さんの話したことが次々浮かび、目は冴《さ》えるばかりでした。特に「日本を焼野にするのも潰すのも日本人なんだ。それを止められるものはいない」と言ったことでした。

私はここ杷木へ来て、この時二ヶ月半程になりますが、この中川さんという人を好意を持って見ることはできなかったのです。なぜかというと、自分の国、自分の民族、つまり日本民族全ての人間が国家のために死力をつくして立ち向かっているのに、片目が潰れたとはいえ、だれにも引けを取らない五体と健康に恵まれた者が、どうして逃亡者達の掃き溜《はだ》まりのような朝鮮人飯場に入って

悠々《ゆうゆう》と生活できるのか。日本人のくせに、と思っていたのです。しかし、ふとしたいきさつで中川さんの話を聞くにつれ、自分は中川さんに対して大変な思い違いをしていたんだと心の浅はかさを反省したものです。中川さんは自分では日本人をやめたつもりでいるようですが、中川さんの話の端々《はしばし》を思い浮かべると、やっぱりこの人は間違いのない日本人だなと思いました。

広島や長崎に落とされた新型爆弾（原子爆弾）の惨状《さんじょう》の話し合いに続いて「何もかもなくしてからじゃ遅い、戦争に早くケリをつけてほしい」と、国を憂《うれ》う内心と早く災難を食い止めにゃならないという気持ちが、中川さんの言葉の中に現れていたからです。当然といえば当然に思えますが、当時の日本の中では、戦争に早くケリをつけてほしいなんていう言葉を口に出す者もいなかったし、間違ってもロに出そうものなら、それは直ちに非国民となり売国奴《ばいこくど》と成り下がる世情であったのです。

大日本帝国は軍国主義一色に塗り潰され、国民全てが総動員令をかけられ、老いも若きもその上、小学生まで勤労奉仕にかり出されていました。日本全体が一種の集団化となり、個々の感情はもちろん、意見、思惑《おもわく》までも集団枠《わく》の統制に閉じ込められ、封じ込められていました。それゆえ、人が生命《いのち》を賭けた戦争のことにしても、不平も不満も愚痴《ぐち》すらも滅多《めった》なことには口から先、漏《も》らしてはならない時代でした。

中川さんはここが朝鮮人の飯場であり、お喋《しゃべ》り相手の私はまだ大人になりきってない朝鮮人の小わっぱということで、気楽に愚痴《ぐち》をさらけ出したようでした。酒の勢いとはいえ、かなりの時間をかけて、かなりあけすけに話を聞くことができ、また一段自分が大人に近づいた気分になったものでした。そして、この人はその風貌《ふうぼう》に似合わず大変個性的でカラッとして、私など見習いたいことがたくさんありました。二、三年この人と一緒に世間修行したら、私も一人前の男になれると思ったものでした。

その中川さんの姿がこの広場のどこにも見当たりませんでした。中川さんは玉音放送というその意味も、その内側の事情など、ある程度予想できる人と思っていました。だから、誰よりも真っ先に台地へ出ていると思っていたのです。そのように期待を込めた人がいないとなると、にわかに心細くなり不安もつのりました。

前方に逆V字型に並んですわっている軍人や役人達の目を盗んで、私は用心深く飯場へ戻ってみました。この飯場は奥の深い長い形の建物で、一メートルぐらいの幅の通路が真ん中を突き抜け、その土間の両側を一段高めにして畳《たたみ》が敷かれ、一見大変広く感じる内部でありました。いうまでもなく、骨組みをさらした天井というか屋根裏であり、太い丸竹を半割にして屋根の頂上から両側の低い裾《すそ》の方へ流していました。その上に細割りにした板竹を、下から見ると土間幅の両端の線に沿って規定の間隔で置き並べ、細いワラ縄でしばりつけ、その上に杉の木皮を重ねて葺《ふ》いた天井であり屋根でした。窓は横長型で総板造り、つっかい棒で突き上げてその棒で止める蓋式窓《ふたしきまど》でした。蓋式窓はすでに四月頃から蓋を直角に開けて、つっかい棒で突き上げたままになっていました。

中に入ると、土間を境に左右に分かれた広間の、左側の一番奥の突き当たりが中川さんの専有場所でした。壁も仕切りもない一畳半の範囲が憩《いこ》いの場であり、寝床でもあり、生を確かめる場所でもありました。ちなみに私の専有場所は、一番手前の入口のすぐ右側で、食堂とは板一枚壁で仕切られた一番うるさい場所でした。

誰彼の酒ぐせも一番良く分かる場所でもありました。こうした場所を指定するのは、もちろん飯場の親方であります。これは飯場のしきたりでした。新参者《しんざんもの》が手前で古参最古参と奥へ奥へと移り変わっていくのです。

私が炭鉱を脱走して、唐津大島の安山《やすやま》飯場へ逃げ込んだ時も、そのしきたりでした。新参者は二階の上り框《かまち》の所でした。靴脱ぎ場のすぐそこに寝場所を与えられました。

中川さんはこの飯場の最古参で私は新参者でした。最古参でたった一人の日本人であった中川さんは、普段の時は滅多《めった》に冗談《じょうだん》も言わない、無口で真面目《まじめ》人間の手本みたいな人でした。しかし、夕食の際など一杯飲むと、横柄《おうへい》で野暮《やぼ》ったいものの言い方をする人に変わる人でした。それでいても、その話はちゃんと筋《すじ》が通っていました。四、五日前に私と二人きりで二時間も喋《しゃべ》り通したようなことは、それまでにもそれ以後も全くありませんでした。他人から話しかけられると、それに応じて話す程度で大抵《たいてい》は早めに切り上げる人でした。何事をしてもトントンとやってスパッと切り上げる。

それがこの人の性分《しょうぶん》のようでした。そんな中川さんでしたが、本当の性格を計り兼ねることもありました。将棋《しょうぎ》好きで浪花節を唸《うな》ることもあります。将棋の相手によっては夜更けまでもねばるのです。浪花節は将棋の相手がない時に唸るのですが、知ってる曲はたくさんあるようで唸るたびに違う曲でした。その中でも特に気に入ってる曲は、たびたび唄う曲であり、最初の出だしだけを聞き覚えています。

「旅ゆけば駿河《するが》の国に茶の香り、名題《なだい》なる東海道」と流れる次郎長伝、「佐渡へ佐渡へと草木もなびく、佐渡は居良いか住み良いか」など、この他にも出だしは忘れましたが「ホトトギス」に、何とか「れいげん記」という曲など今でもうろ覚えに残っています。

表面的には荒削《あらけず》りでのんびり屋に映《うつ》るのですが、内面は将棋を詰める緻密《ちみつ》な先読み性を持ち合わせた人であると思いました。そんな中川さんがなぜ、命令を無視して玉音放送に背を向けたのか、当時の私などに分かる道理はありませんでした。

私が中川さんを捜しに飯場へ戻ったのは、放送というからには難しい言葉を並べ立てるに違いないので、中川さんに聞いてもらい、それを教えてもらいたいという下心《したごころ》があったからです。特に私などは日本に来て一年と三ヶ月しかたっていず、周りの人達が話す日本語をやっと聞き取る程度でしたので何となく不安だったのです。

中川さんは、つっかい棒で突き上げた窓枠に両足のかかとを乗せ、竹の骨組みに葺《ふ》いた杉皮の天井の一点を腕組みのまま見つめていました。窓側に足を向けると、おのずと頭部は真ん中の通路側になり、中川さんの正常な目の左側の顔と対面するのです。

私がすぐ側《そば》まで行ってもまばたきもなく、素知らぬ風をしていました。私は話しかけるのをためらいましたが、ここまで来て黙って戻るのも気が引けて、思い切って、

「もうすぐ正午になりますよ」

と声をかけました。しかし、ウンともスンとも口は動きませんでした。私はここへ来る時に思ったことをそのまま口に出しました。

「放送聞いて下さいよ。私なんか聞いても訳《わけ》分かりませんし、中川さんが聞かないと困りますよ」

こう言って自分の困っている立場を訴えました。

一時はまた大本営の嘘《うそ》八百の企《たくら》みではと疑ったのですが、早朝から二度も命令が伝達されたことを思うと、玉音放送なるものがこれまでにない特別なことに違いないと気づいたのです。この国本飯場には、日本に来て何年にもなる朝鮮人が何人もおりました。しかし、前もって日本語を習得していたとか、学校という制度的な教育を受けた者は一人もいませんでした。ほとんどの者が玉音放送なんて聞き初めで、私同様に訳も分からず、ただ命令にしぶしぶ従ったまでのことであったのです。だからみんなのためにも中川さんに聞いてもらって、私達朝鮮人のために力になって欲しいと願ってのことでした。しかし、中川さんは私の頼みに耳を貸しませんでした。知らぬ顔の半兵衛で

ただただ骨をむき出しにした天井と睨《にら》み合いを通しているばかりでした。私はやり切れない気持ちでしたが、中川さんほど図太《ずぶと》い神経を持つほどに育っていませんでしたので、仕方なく後ろに気を取られながら集合場所の広場へ戻るしかありませんでした。

玉音放送

自分では大人達と同様に働き、大人と同席で酒の一杯も飲める、そして作業に対する意見も仲間として参加発言できましたので、私自身の意見や発案に自信を持って対処したつもりでした。しかし中川さんに無視されてみると、「俺はまだまだなんだな」と情けない気持ちになり恥ずかしい心地でした。身の程知らずの背伸びした敗北でありました。

私が広場へ戻った時にはすでに正午に近い頃で、前方に取りつけてある拡声器からは、「ピーピー」「ガーガー」と首筋が凝《こ》るような雑音をうるさくかき立てていました。私は拡声器の仕掛けを目の前に見るのは、この時が生まれて初めてでした。

標準の日本語であれば、何とか聞き取れるぐらいの語学力になっていると、自負している頃でしたので、前方にすえつけられた拡声機《かくせいき》の近くに寄って行きました。同じ所で同じ防空壕掘りをしていながら、今まで顔すら会わせなかった連中の中に混《ま》じってかがみ込んだのです。どこの小僧だといったふうにのぞく人もいましたが、知らん顔を通したものでした。

人々はうだるような暑さと、待たされている長い時間に、うめきに似た不満を口の中でぶつぶつはき出していました。何しろ軍部の命令のことですから、いくら嫌《きら》いなことでも中川さんのように図太《ずぶと》く平然と逆《さか》らうことなどできず、おとなしく従うほかなかったのです。私もそうでしたが、己《おのれ》が生き延びることに誰も彼もが必死だったのです。「馬鹿たれ」「あほたれ」「くそたれ」「おまえのくそは腐《くさ》れすぎじゃ」「このニンニク野郎」などと悪態をつかれ、さげすまれても、人間の生きるという本能は全て一緒なのです。

踏みつけられようが、我意を通し貫くこともまた、並大抵の覚悟《かくご》でなければできないことでした。これもまた、生きるという本能が素直に表れて、初めてその本能が生きてくるものと思います。

この広場に朝鮮人の全てがそのような本能のままではなく、命令という統制力によって、否応《いやおう》なく生まれた瞬間の本能に追い込まれていったと、自分に照らしそう思ったのです。私はこの時、十八歳でした。人間の命運の変転は、己れ自身が計画して誘い込むのは別として、他力によって勧誘されたり、また私のように強制力によって連行されたりして、命運の変転に陥《おちい》るもんだと。かがんでいるため腹のしわに汗が滴《したた》り落ちるのを気にしながら考えていました。

そうした中で、あの拡声器という根元のない口だけのラッパからどのような仕組みでラジオの音が拡大して響くのか、それもまた興味の的でその仕掛けにも目を奪われていた時でありました。

筋向かいに並んで腰掛けていたひときわ立派な軍人が突然立ち上がると、

「気をつけっ！」

と張り裂けるような大声の号令をかけたのです。その瞬間まで、へたりそうになっていた私はもとより全員がびっくり仰天《ぎょうてん》し、目を白黒させて立ち上がったものです。

ところが、その張本人はサッと元通りに腰掛けてしまったのです。そして後の命令がないので人々はその軍人に見習って、座るものがあるかと思うと、立ち往生のままの者もあり、ひどく滑稽《こっけい》な状態となっていました。私は軍人に見習って元通りにかがみ込んだ方でした。その瞬間に二時間もの炎天の下で待ち続けたあの玉音放送なるものが始まっていたのです。

ザワザワしていた広場はこの一瞬、時が止まったように、熱気の陽炎《かげろう》までその場に止まったように、何もかもが静止した瞬間でした。拡声器から吹き出す雑音のガーガーの音に混じって、遠い遠い海の彼方から、荒々しい波を越えて届くような人の声が高く聞こえました。そうかと思うと、瞬時にして蚊が飛んでいる時のか細い声に落ちるといった具合でした。高い声の時も低い声の時も拡声器を通して聞く限り、声の質は透き通って聞き取りやすい音質でしたが、いくら耳を澄まして聞いても、私には全然理解できない言葉ばかりでした。私が日本（炭鉱）へ連行されて、一年三ヶ月目の時で、普通の日本語であれば大抵は聞き取ることができましたが、この時の玉音放送だけはどうにも理解できませんでした。言葉だけでなく雑音と高低の差の激しさと、聞き取れる所と聞き取れない所があって、全くのところちんぷんかんぷんであったというのが事実でした。実際、玉音放送が終わって飯場に戻った時、朝鮮人のだれ一人その意味が分かったという者はいなかったのです。玉音放送は時間にしておよそ二十分ぐらいであったように思いますが、もっと長かったようにも思います。何しろ炎天下《えんてんか》の二時間待ちというのは長かったです。始まりの時は「気をつけ！」の号令で分かりましたが、終わりの時は気がつきませんでした。しかし筋向かいの軍人達も、私の並びの村役と思われる老人達も、みな首を落として腕を目にあててしゃくり上げていました。それを見て、何だか知らないけど悲しい出来事があったに違いないと想像できました。

あの鬼のような軍人達が人並みに涙を流しているのを見ると、何も分からないながら、引き込まれるようにしんみりとなってしまったものでした。しかし、しばらくして落ち着きを取り戻し、あの号令をかけた軍人が重そうな足を運んで音声機（マイク）の前に立って、

「皆の者に伝える！」

「本日ただ今より、大日本帝国は、おまえ達に自由を許したのである！」

「今後は一切おまえ達に関与しない！」

「おわり！」

この時、この軍人によってこの一声の宣言によって、祖父から父へ、父から私へと受け継がれてきた屈辱《くつじょく》と束縛《そくばく》から解き放たれた一瞬の時でありました。

国を征服され、苦汁《くじゅう》の涙を飲み込んだまま、いまだ少年であった息子の私を、己れの目の前で拉致《らち》されても、その屈辱《くつじょく》と悔《くや》しさに歯向かうことすらできませんでした。無言の怒りをそのまま息子に託して送り出した父も、その父と生木《なまき》を裂《さ》かれるように引き裂かれ、牛馬に劣《おと》らぬ仕打ちに身を縮め、ただただ生き延びることのみに心身を焦《こ》がして止まなかった私も、共々に自由を許されたこの時であります。一九四五（昭和二十）年八月十五日、正午の時であります。

朝鮮を思う

史実によると、明治初期の征韓論に始まり、大日本帝国は朝鮮征服を企《くわだ》て、以後、一九一〇（明治四十三）年の韓国併合の時までおよそ三十七年間、この間の征服の野望は延々と積み重ねられ、朝鮮王宮を占領する一八九四（明治二十七）年まで実に二十一年もの年月を費やしました。この時の流れを考えると、いかにその時代の朝鮮国民が国家の存亡に立ち向かったかが想像できます。大日本帝国の野望の大軍に、にわか仕立ての民兵が正義の鎌を振り上げたところで勝負になるはずはありませんでした。

かくして王宮を占領された後も民心の抵抗は続き、占領後十六年もたって、韓国併合条約が結ばれました。この条約が実質的な植民地の始まりで、一九一〇（明治四十三）年でした。

一八七三（明治六）年に征韓論（朝鮮征服計画）が激論されていますから、当初の計画から丸三十七年もかけて、朝鮮侵略のために飽くことなく野望のあがきを続けたわけです。どんなにひいきめに見ても、これが人間のする行為とは思えない悪辣《あくらつ》さでした。この一九一〇（明治四十三）年、韓国併合と同時に朝鮮統治の朝鮮総督府が設置され、確か寺内とかいう人物がその総督の座についたと思います。それから何代目かは覚えておりませんが、南次郎総督の名ははっきり覚えております。私が普通学校（小学校）に入学した頃に家の離れ屋の奥壁の上部に歴代の朝鮮総督の顔写真と、その一角には本人の署名と思いますが漢字の名前が記してありました。それらの顔写真は額縁ではなく、裸紙のままに貼りつけられたもので、古い順に写真が黄ばんでいたものでした。この朝鮮総督府ができてから、朝鮮国民の本当の苦難が始まったのです。

その最初は「土地調査事業」の名で朝鮮全土の土地の詐取《さしゅ》がいとも公然と行われたのです。この土地調査が始まったのが一九一〇（明治四十三）年で、調査の完了が一九一八（大正七）年です。延々と九年もかけて朝鮮全土、隅から隅まで一握りの土地とて洩《も》れなく調査しました。その結果、森林、原野、河川敷、加えて未登記、あるいは登記忘れなどの耕作地が全て取り上げられ、立入禁止の看板が立てられ威厳《いげん》を放っていたのでした。実に周到な計画の元に実行されたに違いありません。それまでは自力で耕して作物を作って自給自足で生計をたてていた農民は、手持ちの田畑が半分に減った者はまだ良かった方で、手の平《ひら》ほどの土地も残らなかった人が大勢出たそうです。自分で野や山を開墾して耕した田畑でも、正式に登記簿に載《の》ってなければ、山であれ田畑であれ、片っぱしから日本の国有地として没収されてしまったのです。その反感がつのりにつのって、三・一独立運動、いわゆる万歳事件に発展したのです。

生まれ故郷

最初にも言いましたが、私は辰《たつ》年生まれで日本の年号ですと昭和三（一九二八）年です。私の生まれた村には子供が生まれて十二年目（干支《かんし》の一回り）には、村の識者の長老の所へ年頭のあいさつに行くしきたりがありました。先ず父親の名を、その次に自分の名前と干支と誕生の月日を述べ、新年の祝賀を述べます。いわゆる日本の元服の儀に値するものであろうと思います。私が元服式を受けたのは因縁浅からぬ私の母方の叔父でありました。この人物は村において漢文と漢詩の師であり、村の全てにおいて識者として元老の地位にいました。

私が四、五歳の頃、村には漢文の塾がありましたが、その頃、塾の師匠がこの人物で、私の叔父であることを知るのは四、五年後のことでした。

私の母の父親である私の外祖父は、私が生まれる以前に亡くなって、祖母は私が徴用で連行された時も健在でした。したがって私の故郷のヨモル村は、私が徴用連行された当時、叔父がヨモル村を統帥していたのです。外祖母の所には毎日のごとく出入りしましたが、叔父にあたる村の統帥老の所には元服式の時初めて行ったものです。それ以前は親戚と分かっていても、子供ながらも何となく敷居が高く感じられて行けなかったのでした。一つにはそこの家には子供がいなかったことが子供の私が遠ざかった原因と思われます。叔父は嫁を貰《もら》って五年たっても子供が出来ず、種なし男との噂《うわさ》が広まっていたものでした。そんな噂は別として、何となく近寄り難い親戚であったのです。

一九四四（昭和十九）年の五月十九日、野良仕事中の畑に管轄《かんかつ》の駐在と軍人二人と共に来て、黄色い封筒に入っている徴用命令書を私の親父に手渡したのがこの人であり、母の弟であり、私の叔父であった村役さんであったのです。

この時の私はまだ十七歳、子供の域から抜け出ていない時で、その叔父にあたる人を随分憎んだものでした。しかし、私が何年も憎み続けた叔父も村役という立場上、あの時は仕方がなかったに違いないと、今思うようになっていました。そして良《い》いか悪いかを抜きにして、巨大な日本政府の命令を遂行《すいこう》したまでと理解できたのです。

日々人間というものを考えているうちに、人間というものは個人の場合は、いくら聖人であれ、偉人であれ、国家体制の中では、いわゆるそれに従属するしかなく、限られた囲いに置かれるということに気づいたのです。

このように己の叔父に対する憎しみと共に、日本帝国の卑劣《ひれつ》な行為を恨《うら》みながら、徴用されて夏になり秋が去って、新たなる年がきました。一九四五（昭和二十）年の正月、それまで押込み同然にされていた住友唐津炭鉱を脱走しました。方角はおよそ東西南北だけが分かる程度で、一切の行き方、戻り方も知らぬまま、足だけを頼りに佐賀県と福岡県の範囲内を、何千里をも必死の思いで逃避行《とうひこう》したのでした。

故郷のことも、日本帝国のことも、炭鉱のことも、そして昨日のことも、全てを背後に押しやって、ただ今日を生きることだけに打ち込んで生き延びようとしたのです。この時の私は自分の思考力を超える行動をとっており、追跡《ついせき》から逃れるため必死の思いでした。

そして、昭和二十（一九四五）年八月十五日の正午を迎え、「大日本帝国は、ただ今より、おまえ達に自由を許したのである！」「今後はおまえ達のことには一切関与しない！」これが玉音放送の結果であありました。玉音放送のこの結果は、山の中腹の広場で与えられた私達だけであったでしょうか。

玉音放送の後の宣告は、地方により多少違いはあれ、その中に潜む意識は、それまでに精神的肉体的に被《こうむ》った対象に値する一片の情けも認め得るものはなかったと思います。

つまるところ、玉音放送とは日本の対戦国に対する無条件降伏宣言のことであったからです。したがって玉音放送の瞬間から大日本帝国は崩壊《ほうかい》したのでした。

こうした結果にかかわらず、この期に及んでも、「大日本帝国は、ただ今より、おまえ達に自由を許したのである」と、威厳《いげん》を保っていたのでした。そして「今後はおまえ達のことには一切関与しない」と追い討ちをかけるなど、非情の極みに至っていたのです。しかし、この時の私は、最初の「自由を許したのである」ということしか頭に入らず、次の文句の「一切関与しない」と宣言されたことなど、まるで意識になかったのが本当でした。

日々毎日、昼も夜も、ただ自由になりたい一心で命をかけてまで生き延びようと、もがき苦しんでいた最中の瞬時のできごとでした。自由を貰《もら》っただけで、その他は何も耳に入らなかったのが実状でした。おまけに、やっと日本語が聞き取れる状態の時で、波を乗り越えて聞こえてくるような雑音混じりの上に、普通の日本語とは全く違う日本語の放送であり、玉音放送なるものは、私からすると全く意味のないことでした。ですからこの日本軍人の宣告こそが唯一《ゆいいつ》のより所であったわけでした。だから自分が知っている言葉だけが耳に入り、知らぬ言葉は耳に入るわけがなかったのです。こうしたわけでこの日、この場に集まっていた朝鮮人達は、ただ自由を得たことだけに心を奪われ、次の「一切関与しない」という、もっと重大なる宣告に振り向くことすら気がつかなかったのです。

そのことの重大さに気づくまで、私も他の朝鮮人もドブ酒に酔いしれ、自由を得た歓喜《かんき》に酔いしれ、酔いが覚めるまで数時間騒いでおったのです。

私は生まれながらにして植民地の子として育ち、親や周囲の大人達の生活から嗅《か》ぎ取れる日本の脅威《きょうい》の中で少年期を迎え、青年期に入る頃は、日本帝国の脅威と迫害《はくがい》が直接自分の身に降りかかり、その結果、強制連行されたので「自由を許した」というその一言だけで、他に何も考える余地などなく、それこそ有頂天《うちょうてん》で飛び跳ねたものでした。他の朝鮮人達も、ドブロクを飲み、今まで「影か柳か、勘太郎さんか」を唄ってうさばらしをしていた者達が、この時とばかりに「トラジ」や「アリラン」や青春歌や、はては自分の故郷の民謡を唄い踊り、無礼講《ぶれいこう》の境地にひたったのでした。祖父、親、そしてその子に至る代々、民族の誇りをかけて、解放を、自由をと血を流し、命を投げ出して、乞い願い闘い続けたかいあって、瞬間にして手にした自由は、それを手にした者だけが知る歓びであったのです。

だれが何を言っているのか分からないほど、みんな羽目《はめ》を外《はず》しっぱなしでした。おまけに飯場の親方にして、この一瞬にして起きた民族の自由に興奮《こうふん》し、これは祝儀《しゅうぎ》だといって、ドブロク一斗を振る舞ったのですから、その歓喜たるや頂点の域を超えたのは当然でした。私なんぞは一般の大人から見れば、まだまだ幼顔《おさながお》が残っている小わっぱといった感じであったと思われます。それでも、いっぱしの大人達に混じって、大人然として飲んで騒ぎまくったのですから、想像を超えた騒然たる様子であったに違いありません。一斗もの酒を振る舞った親方の姿が見えなかったせいもあって、乱痴気騒《らんちきさわ》ぎは続きました。

十四、五人程の者が短時間の内に一斗の酒を飲みほしたのですから、その興奮たるや人道の域を脱していたと思われます。私は大ヤカンになみなみ入ったドブロクを誰彼なく注《つ》ぎ回り、軽くなったヤカンの注ぎ口を自分から口にくわえ、自分の喉《のど》に流し込んだまでは覚えていましたが、その後のことは夢遊《むゆう》の境に落ち込んだのでした。

どんな恰好《かっこう》でどんな夢を見たのか、まさしく泥酔《でいすい》に陥《おちい》ってしまっていました。涙を流し飯台をたたいて嬉し泣きする者、その飯台に立って自由万歳と叫び、その回りを踊り狂う者、俺は勝った、みんなも勝ったと、わけの分からんことを念仏を唱える如《ごと》く、空どんぶりを箸で打ち鳴らす者など、それぞれ好き勝手に飲み、歌い、叫び、踊り、酔い潰《つぶ》れていました。

なぜ、どうして、一瞬にして日本帝国が自分達の植民地の朝鮮人に自由を許したのか、その原因は、本当の命令者はだれなのかを、知ろうともしなかったし、探《さぐ》ろうとする者などいるはずもありませんでした。

そこにいた朝鮮人は酒に酔ったというより、「自由を許した」というその一言に酔い潰れたのです。どんな美食、どんなに高価な宝物よりも、自由という一言に勝るものはなかったのです。その夜は玉音放送というのは、先祖代々求めてきた朝鮮人に自由を許す放送だったんだと取り違えるほど、取り乱していたのでした。おそらく、だれも彼もが酔い潰れてしまっていたに違いありません。

こうして八月十五日は、玉音放送により降って湧いたように自由を得て、その喜びを抱え切れぬほど身体中で包み抱《かか》え、昇天《しょうてん》するように眠りこけてしまったのでした。

日本の無条件降伏

私がなぜ、この八月十五日当日のことをしつこく書き並べ立てるのかというと、それは書き落とせない大変なことがあったからです。それはつぎのことに集約されるかと思います。

まず、朝鮮侵略から始まり、日中戦争を起こし、太平洋戦争へと戦争を拡大していた日本の侵略戦争に終止符が打たれた日であることです。

つぎに、アジア地域はもとより、世界的にも強大であった大日本帝国が対戦国に無条件降伏し、大日本帝国が崩壊《ほうかい》した日であること。そして、明治の初め征韓論から始まった朝鮮侵略により、朝鮮人を軽蔑《けいべつ》、侮辱《ぶじょく》、搾取《さくしゅ》、皇民化し、はては奴隷《どれい》化までに至っていました。その朝鮮民族七十年の苦難の歴史から解放された日であることなど。これらの項目において、私自身の考えを言うと、大日本帝国はその野望とその行為からして、亡国《ぼうこく》に至ったのは必然的であり全く同情の余地はありません。全く非人道的であったからです。

不正義の遂行《すいこう》は敗北の元凶《げんきょう》と知るべきです。今日の日本は毎年八月十五日には終戦記念日として各地で様々の行事が行われています。延々十数年も続けた戦争の終結によって、当然として起こった行事であります。

結果は数百万の戦死者や被災者を生殺しに追いやったのですから、生き残った人々は慰霊の行事を行うのは至極《しごく》あたりまえのことと思います。また、この世が初まって以来の大量殺戮弾《さつりくだん》である原子爆弾によって、広島、長崎が無惨《むざん》な災害を被ったことは周知のことです。その惨事《さんじ》を忘れぬため、再びそのような残虐《ざんぎゃく》行為をさせないという信念の元に、核廃絶運動も行われていると思います。

これらの行事は元を正せば、飽くことなく続けた戦争が残した禍根《かこん》なのだと思います。このように日本各地で様々に終戦にまつわる行事が行われるようになった原因は、いうまでもなく長きに失した戦争が源です。いわゆる日中戦争から太平洋戦争、およそ十四、五年、毎日明けても暮れても戦争戦争でした。大人も子供も帝国主義に染め抜かれ、軍国主義教育をたたき込まれました。そして、全ての日本国民は、大君（天皇）の皇国臣民として、一億一心、勝つまではと凝《こ》りに凝り固まっていました。そのため、沖縄の犠牲を見捨て、そして広島、長崎の惨事につながったと私は見ています。

結果として大日本帝国という国家は崩《くず》れ去りました。でも私から見ますと、生き残った国民は、同時に平和を勝ち取ったのは確かであります。大日本帝国の崩壊《ほうかい》は戦争が原因でしたが、国民に残った平和は必然的に得られたものであります。

さてこの時の日本と相反する国があったのです。それは朝鮮なのです。

明治の初期、征韓論が日本の政府内で激論を交わされたという経緯はすでに述べたとおりです。

この征韓とは征服の征を使っているのをみて、そこにはっきりと韓国征服の企てがにじみ出ているのが分かります。韓の字の上に征の字をかぶせることで韓国征伐《せいばつ》をいとも正当化し、国民をその方向へ誘い込もうと企てたことがありありと見えてなりません。

こうして征韓論以後、江華島事件を経て、約二十年後の一八九四（明治二十七）年、朝鮮王宮を占領し同時に日清戦争に突入しました。この朝鮮侵略の道のりを追うと、征韓論の究極の目的は朝鮮征服に並行して清国（中国）征服の目論見《もくろみ》が浮き上がってきます。しかし、なぜか日清戦争は開戦半年余りにして幕を閉じたのでありました。そのわけは朝鮮国民が営々として日本軍に戦いを挑《いど》み続けたからでした。つまり朝鮮の完全征服まで一時休止的な策謀《さくぼう》に過ぎなかったと思われます。その証拠に、一八九四（明治二十七）年の朝鮮王宮占領と、日清戦争終結、日露戦争の後、朝鮮王子を人質として日本に連行し、策謀をめぐらし、一九一〇（明治四十三）年に朝鮮総督府という日本直轄の行政府の設置にたどりつきました。朝鮮総督府設置後は、詐取《さしゅ》と強要が進む中、一九三一（昭和六）年、日本は再び中国東北部（日本が満州と名づけた地域）で陰謀《いんぼう》を起こし、それが元で六年後の一九三七（昭和十二）年には日中全面戦争となったのでした。

西側ではドイツのナチスが、東では大日本帝国が人々を苦しめ虐待《ぎゃくたい》し、殺戮《さつりく》し、世界を震撼《しんかん》させていました。あげくの果てにアメリカにまで宣戦布告、日米開戦となったのでした。それが一九四一（昭和十六）年でした。真珠湾奇襲《きしゅう》攻撃の後に宣戦布告を受け取ったは、卑怯《ひきょう》この上なしとして米国は激怒し、米、英、仏の三国が連合軍を組織し日本に立ち向かったのでした。

この戦争は東条内閣によって大東亜戦争と呼ぶようになっていました。ビルマ（現ミャンマー）やインドネシア、そしてマレー半島までも侵攻し、戦線を拡大していったのです。それらの狂気じみた侵略行為は誰が見ても許しがたい非道です。そのような侵攻を重ねると共に、それらの国々を侵略するだけでなく、そこに住んでいる罪のない一般国民に迫害を加えたり残虐《ざんぎゃく》行為を犯して止《や》まなかったのです。

日本の侵略戦争は止《とど》まることなく中国から東南アジア全域の国にまで戦禍《せんか》を広げて行きました。こうして日本は朝鮮侵略をねらう征韓論から、延々七十年余り戦争に明け暮れたのです。その結果、無条件降伏という恥をさらす羽目《はめ》に陥ったのです。大日本帝国は崩壊しその国民は念願して止まなかった平和を手にすることが出来たのです。

そして私達の朝鮮国も七十年余りもの戦いから解放され、多くの者が祖国朝鮮に戻ったのです。また、私のように徴用で連行された者や、従軍慰安婦として連行された者も、日本が無条件降伏した八月十五日を限りに自由を許され、それを宣告されたのです。

日本は国家を亡ぼし、平和を得たのですが、朝鮮は国家を取り戻し、国民は自由を手にしたのでした。ところが国家を取り戻したのは確かでしたが、自由を手にした一件については「大日本帝国は、ただ今より、おまえ達に関与しない！」と宣告された時から、日本の狡猾《こうかつ》さに騙《だま》されたとしか思いようがありません。

自由を許されたのは、生きていく上で確かに何よりも大事なことで、この上なく嬉しいことでありました。しかし、それに続いて「今後一切おまえ達に関与しない！」この一言に狡猾さが含まれていたのでした。私達朝鮮人はその結果、放《ほう》り出されたということに意見が一致したのです。私達は強制連行された上に、戦争に負けた日本からも放り出されるという、誠に悲運の憂き目にあうという非情を受け継ぐことになってしまいました。

Ⅱ　帰国への期待

仕事場でノンフィクション作家の平林
久枝さんと（1989年10月23日）

八月十六日の朝

夜が明けて、八月十六日も前日と変わらず好天気でした。一人、二人と起き出して、私が目覚めた時は昼頃に近い時でした。それでも私が起き出たのは飯場の十五、六人中では六、七番目で早起きの方でした。私はもちろん、常にみんな精神的に緊張の真っ直中《まただなか》にあった関係で、熟睡し、思いっきり寝込んでしまうということは、夢々《ゆめゆめ》なかったのでした。それが前日の玉音放送により、思いもかけない自由が転がり込んできました。それに酔いしれ、それに心奪われて前後の見境もなく眠りほうけたと思います。私はよろよろしそうな寝ぼけのままに外気にあたるため外へ出たが、昨日と変わらぬ日和《ひより》の下で昨日の出来事が夢のように頭の中でゆらめいてばかりで、まとまりをなくしていました。もし私のような者にでも歴史があるとすれば、前日のことが重要な一頁を飾るのにふさわしいと思います。

前日のことがうつろな頭の中でくるくると回っていたのです。起きていた者、これから起きてくる者、みな私にたがわず頭の中はうつろでありながら、自由を得たということだけは心をかけめぐっていたと思います。

いつもの朝ならば、同じ時間に全員が食事にかかるので騒々しく、せわしさに追いまくられるのですが、今朝《けさ》は各々《おのおの》ばらばらで食事が始まっています。そしていつもながら一人悠然《ゆうぜん》と腰かけて食事しているのがあの中川さんでした。私は昨日の中川さんの横柄《おうへい》に見えた態度が気にくわず、中川さんを避けて食事にかかりました。不思議なことに、だれ一人、昨日得た自由の一件をしゃべる者はいませんでした。ただ、黙ってもくもくと食べていました。私も頭の中で何かがもやもやとしていますが、それが何であるか言葉になりませんでした。ただ一つ、はっきり頭に浮かんできたのは、はるか海越え山を越えた故郷のヨモル村にいる親父に、俺は、フンセビは生きているよと叫び伝えたい。そして「やったよ」「自由を得たよ」と。

そんな喜びや悲しさを伝える手段は、この時どんな手立《てだ》てもありませんでした。肝心要《かんじんかなめ》の日本は、天皇の降伏宣言によって全国民が悲嘆にくれていました。あれほど強固で脅威《きょうい》を振るった日本帝国軍部も慌《あわ》てふためくばかりで、事後処理としては甚《はなは》だ無能に等しいありさまでした。その無能ぶりは私達徴用人に対する処置から見ても明らかでした。

全ての徴用人は好《す》き好《この》んで徴用人になったのではありません。大日本帝国の都合において連行されたのです。戦争の終息《しゅうそく》となれば、その時点で現状回復するのが人間世界の責任でありましょう。日本は敗戦時に自分の責任を放棄したばかりでなく、巧妙な責任逃れに走りました。それが「今後一切おまえ達に関与しない！」といった一言につきるものでした。

八月十六日の朝も私達は本当のところ、自由を得た喜びにあふれ浸《ひた》って、祝い酒をあおって万歳を叫んで飛び回ってしかるべきだったと思います。しかし、そんな喜びを出せなかったところに、私達の心のどこかにそれができない何かの引っかかりが渦巻いていました。

私は昨夜の乱痴気騒《らんちきさわ》ぎは、あれは何だったんだろうと考えざるを得ませんでした。みんなも私も自由という言葉にすっかり心を奪われ、その後の立場を考える余裕を全く失っていたのです。それが一夜明けてからその後の立場に目覚め始めたのでした。

この飯場の長老で六十手前の山下という全羅道出身のおじさんが独り言のように、

「明日からどうすればよかかなー」

と言うと、そのおじさんといつも一緒に組んで仕事をしている相棒の人が即座に、

「それは親方に任《まか》せておけばよかばい」

と答え、自分自身に言っているようでもありました。私もですが、ほとんどの者がこのやりとりを聞いていましたが、だれも口をはさむ者はいませんでした。その場の雰囲気から見て、「それは親方に任せておけばよか」に傾いていると思いました。私だって急に突然自由を許され「後は関与しない」と言われてみると、この先どうすればいいのか、突然落とし穴に落ち込んだような、それこそどうすりゃいいのか分かりませんでした。ただ、頼みにできるのは親方しかいないと思ったものでした。

なぜ日本は自分達の都合で引っ張って来て、そして都合が悪くなると、自由を許すから勝手にし

ろと言うのか？「私はそりゃないよ」と思われてなりませんでした。それを言うなら、あっさりと「おまえ達は命令によって朝鮮に送り返す」と言ってくれた方が「自由を許す」、「関与しない」と言うよりも、ずっと私達は幸せであり、少しは感謝の気持ちを感じたに違いありません。本当に日本は最後の最後まで私達をないがしろにしました。この時の私達はどうすればいいのか、日本政府はどう思っていたのでしょうか。私もみんなも親方の処置を期待し、内心の揺らぎを納《おさ》めて食事を済ませたものでした。

飯場のいつもの場所に戻っても、だれも彼もが沈み込んで、まるでお通夜のような気持ちになっていました。それはだれが見ても自由を許され、解放された者の様相《ようそう》ではありませんでした。私はいても立ってもたまらず親方の部屋を訪ねました。奥さん（アズメ）の話しだと、三ヶ所ある飯場の親方同士がこれからの処置について、昨夜も夜明けまで話が続いていたそうです。寝る間もなく、今朝も食事もせずに朝早く出て行ったと嘆いていました。ああ、親方は親方でおれ達よりもずっと身を粉にして、私達のことのために動いているんだと分かりました。

中川さんの話

私はやはり「親方任せしか、しょうがないなあー」と思いながら飯場へ戻りました。ところが飯場の中では何やら会合が始まっていたのです。もし、普段こんな休みがあったとしたら、朝から酒の一杯も飲んで羽《はね》を伸《の》ばすはずだと思いますが、どう考えても今朝は異常でした。だれ一人、赤ら顔をした者もなく、まるで軍事教練のように神妙でおとなしかったのです。それにもまして座談会のようなこの会合の主役が、あのただ一人いた日本人の中川さんであったから、なおさらの驚きでありました。中川さんは、私が中途で入って来たことなど、全然気にも止めないで話を続けていました。

「つまり日本の天子さまは、米英仏の連合軍に対して、何の条件もつけずに戦争に負けたということだ。そこで昨日のあの玉音放送の後に、あの軍人が言った『おまえ達に自由を許した』というのは、おまえ達はもう自由になったと言いたかったのさ。それでおまえ達に関与しないというより、もう関係できないと言いたかったのが本音《ほんね》であったと思う。おまえ達は昨日の玉音放送までは、日本の命令に従わなければならなかったけど、玉音放送が終わると同時に、おまえ達は日本との関係は一切なくなってしまったんだ。おまえ達は三十何年か前の朝鮮国民に戻ったわけさ。おまえ達の望《のぞみ》がかなったんだ。おまえ達の故郷も国も元々の朝鮮という国家に戻された。そして独立国家となったんだ。だからあの軍人が言った『関与しない』というより関与されたら、それこそ理屈に合わないわけだわさ。『関与しない』ことでおまえ達は途方に暮れているようだが、そんなこと心配せえでも何とかなるって俺は思うている。この厳しい戦時中の日本の中で生き延びたおまえ達のことさ、あとは自分で故郷を目指すことだけじゃないか？　今すぐ帰れなくても、その内帰れると思えば気持ちだって休まるってもんよ。もしも帰れないわけがある者は、堂々と生きていけばいいんだわさ。おまえ達を連れて来た責任は、この日本にあるからよ。戦争に負けたからといってその責任が消えるってことなどないからさ。ただ、俺が今心配しているのは、連絡船が残ってるかどうかだ。残っていれば政府が手配するはずだ。とにかく、関釜《かんぷ》連絡船のある下関港へ出てみることだ。何とかなるもんだわさ」

中川さんは「何とかなるわさ」を何回も繰り返していました。実をいうと私だって炭鉱を脱走して以来、この「何とかなる」という気持ちだけで、八ヶ月生き延びてきたのでした。

当てもなく生きてゆかねばならない人間だけの、共通した考え方でこの時の会合に出たみんなも共感を呼んだと思います。

「それにしても、この九州だけでおまえ達と同様の仲間がどのくらいいるのか知らんが、さぞかし多くの者が連絡船の港に詰めかけることだろう。連絡船が残っていたとしても数しれているし、そんなこと、こんなこと、考えると一時も早くここん所、見切るのが賢いんじゃねえかと俺は思うんだわ。それにもう一つ問題があるんだよな。俺は今、自分の国が戦争に負けたことで、何年も放っておいた実家に帰ることも気が引けるし、だからといって昨日の玉音放送によって、日本全国どこへ行っても昨日の八月十五日を限りに、工場や工事場、炭鉱はもちろん、官庁まで日本全国が一斉治はその任務、その役目を停止していると思うんだ。つまり、降伏の時から戦勝国の管轄内に日本政治は組み替えられるからなんだ。おまえ達が昨日の玉音放送が終わったその瞬間から、おまえ達の国が解放され、おまえ達自身も自由を得たことと相反した立場にあるのがこの日本なのさ。そこでだ、俺もそうだが、日本国民全体が昨日から始まった無収入状態が続くわけだわな。そんな状態がいつまで続くかだれも分からないさ。それを決断し決行するのは戦勝国の占領軍の役目であり、日本はそれを待ち、それに従うしかないわけで、日本国民はこれからが正念場《しょうねんば》になるはずだ。この問題だけに限って、自由を得たおまえ達も共通の問題といえるんだ。なぜかというと、かりにおまえ達が今日これから連絡船の寄港地へ行ったとしても、連絡船があって初めて帰還の目どがつく。だが何千人、何万人が押し寄せるかも知れない。その順番によっては船に乗るまで何日かかるか、また、何ヶ月かかるか、行って見なきゃ分からないことだわさ。もし何ヶ月も船に乗れない事態になった場合、どうやって生命《いのち》をつなげていくかだ。一ヶ月や二、三ヶ月で工場や工事場などの仕事が再開されれば結構なことと思うが、俺が思うに早々と事業が再開するとは思えないんだ。このことは自由を得たおまえ達の最大の難題ではないかと思っているんだ。なんて言ったって、生きてる間は食う、食うためには収入が要《い》るからだわさ。ところが戦争に負けておたおたしてる今の日本のことから見て、数万か数十万かの朝鮮人の帰還のことなど、目を向けるほどの心の余裕があるとは思えないんだ。その理由は、海外に出兵した何百万の兵隊が引き上げてくる、それらの他に朝鮮、満州、中国、その他の東アジアの諸国々へ移住してた何十万かの日本人も、そこの国々から追い出され、帰国するに違いない。おそらく今の日本政府はこの二つのことだけでおろおろしていると思うんだ。俺は自分自身では、日本人というのがいやになり、心から日本人はやめたと誓っていたんだ。でも今、ここではただ一人の日本人ということは確かだ。そこんところを考えると知らん顔もできなくなった。俺の考えなんて知れているけど、少しでもおまえ達の手助けになればと思って、思い切ったことを喋《しゃべ》ったというわけなんだわさ。みんな良く聞いてくれた。俺の話はこれで終わりだ。後はみんな相談していい知恵を出し合って、一時間でも早く故郷へ還《かえ》るよう願うのみだ」

私は中川さんの話を聞きながら、この人は自分では小学校しか出ていないと言っていたけど、それにしてはすごく頭のいい人だなと感心したものです。良くこれほど冷静にいろんなことを考え、予想するもんだなと思いました。それにしても全ての日本人がこの人のような人ばかりなら、戦争や侵略で私達が苦汁《くじゅう》を飲まなくても良かったはずなのにと思われてなりませんでした。少年であった私はこの人が持っている意志とか知恵とかを、自分の精神の中へ取り入れておかなければと思ったものでした。

私は徴用で連行されて以来、終戦の時まで一年半ぐらいの間に、何人かの日本人と接触がありましたが、そのほとんどの人には蔑《さげす》みの目と態度でしか接してもらえなかったのでした。ただ私が自分の立場に照らして、この人だけは立派な日本人だと思った人がいました。

私の前著を読まれた方はすでに御承知のことと思いますが、改めてここにも書き述べたいと思います。

その日本人というのは、私が隔離されていた炭鉱の中の先山《さきやま》（班長役の職名）の浦さんという人です。この人は私が炭鉱から逃げようとしていることを察知していたにもかかわらず、それとなく逃げ道を暗示してくれました。そのお陰で無事に炭鉱から逃げることに成功し、自分の寿命を延ばす機会をつくってもらった大恩人です。その浦さんを立派な日本人だと思うのは、さらにもう一つ理由があるのです。

その当時の日本は一口でいうと暗黒の世界でした。非国民という言葉が世の中をかけめぐっていたものです。帝国主義側（軍部）と一般民衆とは完全にかけ離れたところがあって、全てが軍の命令によって国家が運営され、国民の心の奥底には不信と恐怖と不満がくすぶっていたと思います。軍部はいっそうの強権を行使していた時でありました。

こんな時期の中でそれが炭鉱であれ、その他のどんな事業場であれ、自分の傘下の者を取り逃がすことはもちろん、まして逃亡者の手助けなどしたと知れたら、一も二もなく豚箱（牢獄《ろうごく》）入りとなる時でした。

浦さんはそんな状況を承知の上で、私の逃亡のために危険を冒《おか》したのでした。十八歳であった私は、この時、人間の勇気というものを教えてもらったのです。

もう一つ人間にとって最も大切なことは、民族を超えた相互愛です。私が異民族、異国家に対する偏見と差別に気づきはじめたのは、小学校の四年生頃、それまでの朝鮮語の国語が禁止され、日本語が国語として取って替わった時からでした。このことから宮城遥拝《きゅうじょうようはい》、君が代、神社参拝、提灯行列と目まぐるしく差別と抑圧の日々が続き、とうとう徴用という強制連行にまで至り、日本はもとより日本人をも憎み、日本人は人間として最も下等《かとう》な民族と位置づけ、恨《うら》みつらみを抱いて日本にやって来ました。

このような心境の中で浦さんという日本人に出会ったのでした。この時の日本の人口がどれくらいなのか知りませんでしたが、その数知れない日本人の中でこの人だけが人間らしい人間であると思ったのです。

もう一人、私の生涯に大きな影響を残してくれた人がおりました。いうまでもなく日本人であり、戦争という奇縁で行きずりの飯場で、共に寝起きした間柄の先に述べた中川さんです。この人は、私なりの見方でいいますと、どことなく野放図《のほうず》で身勝手と映る人物でした。しかし、自分の境遇から割り出されたと思いますが、人間としての相互観という観念は確固たる信念の持ち主であったのは確かでした。一風変わった人物ではありましたが、この時期の日本人としては極めて正常な精神と人間性を持っていたのも確かだと思っていました。何時かの夜、差し向かいで飲んで話した時、「見たことも、話したこともない英米の国を、日本国民は鬼畜米英と叫び戦争にいどんでいる」と批判していました。

また、ピカドン（原爆）の話題の中では、「それが東京のことであったら、たとえ人質であっても、よそ様の王子に『コト』（難）があったら申しわけが立たねえい」と、当時幼くして人質の身となっていた朝鮮王子のことを案じていたことにも、私は引きつけられました。

それに、前述の八月十六日の中川さんの談話の中で、私達朝鮮人に対する思いやりにも、その人の優《やさ》しさが表れていて、涙が出るほど嬉しかったのを忘れることはできません。この時の私達朝鮮人は正直言って、どうすればいいのか見当もつかない心情に追い込まれていたのです。現実にこの前まで支配者である日本の命令に従うしかなかった事実からいって、途方にくれるほか知恵がなかったからです。

何回も言いますが「自由を許した」ということは、諸手上げて万歳でしたが、「関与しない」となってみると、これほどつらいことはなかったのです。まるで目隠しして、遠い海原の無人島に捨てられたような心境でありました。

そんな私達を勇気づけ、目標を示してくれたのが、ほかならぬ日本人の中川さんだったのです。しかし中川さんの助言にも関《かか》わらず、十人余りの朝鮮人同士の意見はまとまりませんでした。まとまらないおもな原因は金銭問題でした。みんなの統一意見は、本国の故郷へ帰るということでは一致していました。しかし、連絡船は釜山港行きと限定されていたので、その釜山から以遠の故郷までが問題だったのです。

釜山から歩いて帰れる距離の者は一人もおらず、私などは釜山から汽車で三日もかかる所でした。他は全員南部、今のソウル以南の出身者でしたが、江原道、京畿道、全羅道、忠清道、慶尚道といった具合で、とても歩いては帰れないのです。それに私はまた少年ということもあって、酒色に銭を使うことはなかったのですが、他の人達は酒はもちろんのこと、稼いだ銭はほとんど博奕《とばく》（花札）とか、戦時に関わらず、どこの街にもあった遊郭《ゆうかく》とかで使い果たすといったありさまで、先を見越して銭の蓄えのある者なんていなかったのです。

終戦の日だって、その前日まで、勝つまでは一億一心、米英撃滅《げきめつ》を叫んでいたのですから、誰《だれ》一人ある日突然、瞬間にして戦争が止まるとは予想だにしなかった出来事だったのです。それに私達朝鮮人のように命令服従に従《したが》っていた者にとっては余分な蓄《たくわ》えなど不必要との感覚で生きていたのですから蓄えの無いのは当然でありました。

中には一文無しを超えて、親方に前借りをしたものも二、三人ほどいるありさまであったのです。せんじつめた結果を言うと、銭のある者とない者、故郷までの遠近距離などをどう調整するかであったのです。つきつめて言うと、同胞愛からはずれる不道徳を恐れたゆえんが元であったと思います。一人でも取り残すことは民族の恥さらしだという意見が、皆の胸の中につまっていたからに違いありませんでした。

こうして、あれやこれや私達の論争は二日、三日と続いていました。普段は飯場人同士という意識で過ごしてきたのが、この時ばかりは同民族という民族性を伴った議論に発展し、なかなかまとまらなかったのです。

帰国を考える

帰国するという原点は共通していましたが、その先の帰郷となりますと、遠近距離によって違ってくる費用が重点問題となったからでした。同胞という見地からいうと、一人残らず故郷へ帰るようにまとまれば、それに越したことはないわけです。しかし、人それぞれ生活設計があって、一生懸命お金を残す人もいれば、食って飲んで使い果てる者だっていましたから、共同で帰国しようという意見は高い理想ではありましたが現実には無理でした。この飯場の中で帰郷距離が一番遠距離の者が黄海道出身の私でした。

私は最初に共同帰国のことには賛成しましたが、帰郷のことについては、どこであろうと、本国に着きさえすれば歩いてでも故郷へ帰るから、私のことは除いてくださいと、次の会合からは仲間に入りませんでした。

二日、三日たつ間に江原道出身の山崎さんも、京畿道出身の海本さんも、私と同様の意見で会合の輪から離れていました。後は忠清道、全羅道、慶尚道などの出身者ばかりでの会合となっていました。

私達はすでに解放され、独立した純粋な朝鮮人に戻った立場にありましたが、それでもなお、本名はもちろん、創氏改名時につけた日本名字さえ使うことなく、これまでの偽名通称のままの呼び名を使っていました。そのうち、偽名のままでは別れ別れになると思います。私は民族がどうの、共同帰国がどうのということよりも、この方が淋しいなと思ったものでした。故郷に戻れば生まれつきの本名に戻るのは確かなことでした。

終戦後四日目の夜、国本親方の談話がありました。

「先ず先日の玉音放送は、日本の天皇が直接戦争終結の宣言をしたこと。日本はいろんな条件のあるポツダム宣言の全ての条項を無条件で受け入れたこと。我々が解放され独立したのは、このポツダム宣言に『日本はこれまでに占領した全ての地域の権利を失う』との箇条があるそうな。我々の苦労が報いられ、民族の悲願もかなえられたのだ。そこでだ、我々はこの八月末日までにここを引き払うことにした。帰国するのだ。みんなも帰国しなければならない。帰国は我々民族の義務でもある。それに日本は戦争に負けたことで国民感情は高ぶっているに違いない。一日も早い帰国は我々にも日本にも良いことなのだ。帰国の方法については自分自分の意志にまかせる。くれぐれも立ち退き期限に遅れないようそれぞれに準備してもらいたい。みんなも何かと会合があったと思うが、私達親方達が決めたことを守ってほしい。みんなこのところ、あまり飲んでないようなので、今夜は私のおごりだ、楽しく飲んで帰国の思い出にしてほしい」

と国本親方の話は終わりました。みんなはこの三日ほど帰国の問題に気疲れしてか、普段と比べ飲み量がどんどんと落ち込んでいたのでした。親方の奢《おご》りはこれ幸いでした。この夜は八月十五日の夜ほど騒がしいものではなかったのですが、それでもみんなしたたかに飲み、私も足がふらつくほどに酔っていました。日本人の中川さんも、仲間に入って何時もの悠然《ゆうぜん》とした飲み方をしていました。この時、だれ一人さっきの親方の談話について意見を述べる者はいませんでした。

みんな親方の結論に、暗黙の内に賛成の意志が出ていました。私はこれまで足がふらつくほど飲んだことはありませんでした。でも、今日に限って酔ってみたいと思っていたのです。八月十五日の夜は自由を許された嬉しさで飲んで騒いで酔い潰れましたが、この夜は共に飲み、共に酔い、共に語り合ってみたい気がしてならなかったからでした。

今日、この夜で共に飲むのも、共に酔うのも、共に語るのも、この夜限りのような気がしたからでした。帰国方法が個人個人の自由と決まった以上、明日からここを引き払う者もいるであろうと予想できました。私が語り合いたいといっても、飯場の全員ではなく、二、三人の限られた人だけのことでした。私の出身地である黄海道の隣、江原道の山崎さんも、京畿道の海本さんもこの際どうしても語り合いたいと思ったのです。ひとしきり酒宴のたけなわの頃を抜け出し、自分の泊まり場に戻って山崎さんと海本さんの帰りを待ちました。

私は自分の帰国については、すでに決めていました。取りもなおさず船着場となった博多港へ行ってみること、それ以外、何の方法も浮かびませんでした。船着場には果たして船があるかどうかも心配でしたし、それに徴用で日本に来た朝鮮人は数百万と聞いています。この九州だけでも何十万人かの人が船着場へ集まって来るのは分かりきったことです。一つの船に三百人乗ると仮定して、一日三隻が運行されて九百人。十日で九千人、百日で九万人となるのです。この時の私の持金《もちがね》は三百円ほどでした。この銭が無くなる前に船に乗らなければなりません。私はそう決めていました。どんなことがあっても帰るんだという信念だけが、私自身を支配していました。

私はそんなことを考え描きながら、眠り込んでしまっていました。陶酔《とうすい》の境にあったのです。結局、語り合いたい気持ちはふっ飛んでしまいました。普段のごとく仕事の時であれば、だれかがだれかを起こしてやるのですが、八月十五日以降は毎日が休みということで、昼まで寝ようが、ぶっ通しで夜まで眠ろうがだれも気をかける者もなく、起こしてくれる者もいませんでした。よほどの泥酔《でいすい》であったと思います。

目覚めたのは翌日のお昼時に近い頃でありました。とりあえず、食堂の横手にある石掘りの流し台で手を洗い、蓋《ふた》なしの器に入れてある塩をひとつかみして、口にほうり込み、中指を突っ込んで歯をこすりながら、板造りの戸をカタカタと開けて外へ出てみました。今日もいい天気でした。もうこんな所にお日さんが来ている。裏山を越え飯場の屋根近くに来ていたのです。この杉皮葺屋根の飯場とも、あと何日かで別れなければならないと思うと、何だか名残惜《なごりお》しい気持ちになりました。讀物倶楽部《よみものくらぶ》だったか小説讀物だったか、この中に中天の月を眺めながら、感傷にふける旅人の場面を読んだことがありますが、俺は暑いお日さんの光を浴びながら感傷的だなと、自分ながらおかしなひと時でした。

炊事場兼食堂へ戻って、置き去りのどんぶりに置き去りのお櫃《ひつ》から飯を盛り、カマドに据《すえ》つけた鉄釜から、冷えかけた味噌汁をすくい入れて勝手な食事にとりかかりました。

昨晩の親方の話、八月末日までと期限付きのここでの居住が、全ての行動に感傷が首をもたげ盛りあがってくるのでした。

日本に対するあの怨《うら》み、つらみは、いったいどこに潜んだのか不可解な時でした。徴用という名目でこの日本に引っ張られて来て、この八月まで十五ヶ月、普通の生活であれば、わずかな月日なのに、この時の気持ちには、何十年かの年月が流れ過ぎたかのような、そして自分はいつの間にか大人になり、中年の男になったような、まるで幻をつかんでいる気分でした。豚や牛馬のごとく引き回され、こき使われてきた私達は、今、そこの人々から、日本の人々から、一言の文句も寄せつけない環境の中で、帰国、帰郷がかなうと思うと底知れぬ歓喜と、うつつなる幻の中という気分であったのです。

お金のこと、船のこと、もろもろのこと、全てあたって砕《くだ》けろ、何とかなるわいと。徴用で連行されたことも、炭鉱での少量貧食と侮辱《ぶじょく》生活に耐えられず、命をかけた逃亡行も、転々とモグリの兵役逃れの忍び術も、全部天まで上《あ》がれ、飛んで行け、という気分でした。

ここを引き払い、船に乗ることができたら、もう何にもいうことなんかないわい。故郷に帰りゃ少しではあるけど、山も畑も田圃《たんぼ》もある、親父も妹も弟も、俺が働いて少しずつでも楽にさせてやって、俺はいい顔で、そのうち、嫁でも貰《もら》えたら今までの苦労なんかトンボの屁《へ》みたいなもんだ、空のかなたで失せてなくなるわい、といった気分であったのです。私は朝食兼昼食が進まないままこんな結論を出していたのです。

今日はともかく明日は帰国の準備をして、一日も早く船着場の博多へとはやる気持ちでした。山崎さん、海本さん、中川さんとのことは一日繰り延べになるけど、仕方がねえやと、時間の余裕を取り戻《もど》したのです。

八月十五日の玉音放送に続いて自由を許されて以降、ここ四、五日、時間の余裕はたっぷりありました。なんせ、今までの仕事が完全に中止されたままなのですから。我々のこの現場がそうであるから、日本全国の飯場や職場も同様だったに違いありません。どこもかしこも、日本人も朝鮮人も、久方ぶりの骨休め期間であったのは確かです。日本国民は長い長い戦争から抜け出して、ほっとすると共に敗戦の悔《くや》しさにひたっていることでしょう。

その反面、私達は自由を得たのは確かでしたが、帰国への標《しるべ》となる方法が今いち皆無《かいむ》で、五里霧中《むちゅう》でした。だれもがあたって砕《くだ》けろといった場あたりの立場に追い込まれ、精神的には骨休みどころではありませんでした。

この飯場の親方の帰国に関する談話の二日目頃から、先《ま》ず慶尚道の出身者から、全羅道や忠清道の人達が二人三人と連れ立って、博多へと出て行ったのです。

そんな中で私は先ず江原道の山崎さんと話し合うことができました。山崎さんの故郷は鉄原という所で、山の中腹に十二、三軒がそこここに点在する山村で、おもにいわゆる焼き畑による農業の旗頭でありました。そんな村にも徴用の割り当てが来て、最初のことでもあり誰かを指名できず、自分から先にと徴用人となったということでした。そして福岡県の山田という所の炭鉱に連行され、一年近く働きながら、すきをねらって逃亡したそうです。徴用連行されたのが昭和十八年八月であり、私より九ヶ月早い徴用の先輩でした。故郷には山崎さんより二歳下で四十三歳になる奥さんと、長女の二十歳、次女十七歳、長男十五歳、三女十一歳、次男九歳とおり、自分が帰れば七人家族だそうです。

自力で山を焼いて開墾した段々畑は、この二年間空白で、再び使い道になるかどうかと、それだけが心配だと言っていました。ともかく釜山に着くまでは一緒に行こうと相談しました。

嫁がおり、子供もおり、年《とし》も私より二十歳以上も上なのに、それでいて私のような小わっぱの目にも山崎さんの話しぶりには純粋さを感じました。

そんな純粋なところがアダになり、七分だの左巻きだのと、心ない陰口をたたく飯場人もいたのです。陰口たたいた当人たちはもういません。私が帰郷の相談をかけた時、山崎さんは「船の乗り場もはっきりしないのに、なぜあんなに急いでみんな出て行くんだろ」そして「いいかげん、あっちこっちうろついたから、帰り道ぐらい寄り道したくないよ」と言ったのです。さらに「お前の故郷とは隣の郡でもあるし、お互い助け合うのはいいことだ。俺だって汽車も船もこの日本に連れて来られる時が生まれて初めてだったし、心細い思いでいたんだ。思いは同じということだな」と言いました。

この他にもいろんなことを話し合いましたが、この人はとてもしっかりした考え深い人で、外見より内面の充実した人物であると思いました。

普段はそれぞれの趣味や娯楽や体の疲労などで、折り入った話などはめったにしないのが飯場の日常でした。この山崎さんと改《あらた》まって話したのはこの時が初めてでした。

山崎さんの故郷である江原道の鉄原という所は、朝鮮半島のまん中あたりです。そこは私の故郷の黄海道谷山郡のヨモル村の横手を流れるヨンボン川の源流で、徳業山を東へ向けて山越えをした所が江原道で山崎さんが目指す故郷です。

戦争が終わって一週間が過ぎた今、この飯場に残っているのは、私と山崎さんともう一人、京畿道出身の海本さんという人でした。それにたった一人の日本人の中川さんは、この帰国に関しては圏外の人でした。海本さん出身の京畿道という所は、日本が直轄統治の府を設置した朝鮮国の中央地帯で、朝鮮の西海（黄海）を前面に京城という大都市を抱いた地方です。その昔はこの京城のすぐ北側にある開城という所が朝鮮の都でした。

私の故郷黄海道へは、この京城や開城を経由するのです。こういったことで普段これといった交流のなかった海本さんにも、同行を持ちかける気になったのです。

海本さんの働きぶり

海本さんも飯場では口数も少なく、また、娯楽にふけるでもなく、特にこれといった、いわばつかみどころのない人という感じでした。生まれ故郷は京城を背にした西海（黄海）の島ということで、日本に連行される前は、当然ながら本業は漁師であるとの話はつい数日前耳にしました。

胸が女を思わせるほど盛り上がり、体全体が筋肉といっていいくらいで背丈《せたけ》もあって、飯場一の力持ちがこの海本さんだったのです。私が知っている限り、この海本さん担当の防空壕掘りがだんとつに成績優秀でした。他の組は工事の進み具合を相談ずくでやっているのではないかと勘繰りたくなるほど適当に進めている具合でした。私は飯場の工事進行状況記録や出勤簿の記帳などの係りをしていましたので、防空壕の掘り進み状況は誰よりも詳しく知る立場にあったのです。

飯場の親方は私が作った記録を管理し、軍部に報告して工事金を受領するといういわゆる出来高払い方式でした。こういった仕組みでしたので、十五日締切りの勘定のたびに、海本さん組がいつも飯場一番の給金を貰っていました。このような作業の進み具合にも飯場人の構成が中川さんという日本人を除いて、全員が朝鮮人でしたので、そこにも民族の偏見や見栄が鎌首を出す始末でした。特に慶尚道の有志の中で、この海本さん組を「パヌウェノム」、訳して「半日本人」などと陰口を振りまく始末であったのです。妬《ねた》みの陰口でしたが、それを耳にした親方が慶尚道の連中に、

「そんな陰口をたたくなんぞ、恥ずかしいと思わないのか？　良く考えろ！　親方の立場にある俺も、あんたたちも、また海本も、皆が皆同じ境遇で同じ立場の下で働いているんだ。ただ、違うことは、自分に与えられた仕事を真面目にやるか、やらないかということだけだ。確かに我々は植民地にされ祖国を失った人間達だ。だからといって、与えられた仕事もろくに出来ないようでは、それこそ恥曝《はじさら》しというもんだ。良く考えてみろ。真面目に働いている人のことを、とやかく言えるかどうか。われわれは日本帝国のために働いているのではないんだ。我々自身のために働いているんだ。自分のことをしっかりやることで、相手を見返すことが出来るというもんだ。半端《はんぱ》な人間ほど他人を妬《ねた》んだり陰口をたたく。俺もあんたたちと同じ慶尚道だ、恥ずかしい話だ。あの海本の働きは立派なもんだ。ただ黙々と与えられた分をやってのける堂々さよ。あんたたちが日本を恨《うら》み憎《にく》

んでるぐらい、あの海本だって同じように胸の中は疼《うず》いているはずだ。それをぐっと抑えて肝の座りようだ」

私はこの時、手洗いに行く途中でしたが親方の声に聞き耳を立て、しばらく聞いていましたが何だか盗み聞きをしたような気持ちになり、私は手洗いに行くのをやめ、自分の居場所へ戻りました。私はこの時の慶尚道同士の話というか、親方の注意をこの時以後誰にも漏《も》らしたことがありません。それは、盗み聞きしたという引け目と、漏らしてはいけないと自分なりの意味不明の気持ちに押されてのことだったと思います。

このことがあって半月もたたないうちに戦争は終わりました。そして今は慶尚道や全羅道出身の人々が終戦二日後、三日後に飯場を後《あと》に故郷へ向けて旅立ちました。陰口をたたいた人もたたかれた人も共に「元気でな！　無事でな！」と握手して別れて行きました。そしてどん尻に残ったのが、日本から最も遠距離にある三人でした。私は山崎さんの口説きに成功し、山崎さんと二人で海本さんの同行の口説きに取りかかりました。

山崎さんの時は割合気楽にいけましたが、海本さんとなると、どうしてか緊張気味で、いつかの親方の言葉がふうっと頭を掠《かす》めました。あの最後の「肝《きも》がすわったような」なのです。その言葉が気になっての緊張でした。私はこの時まだ、大人になりきっていない自分でしたので「肝がすわったような」という表現がいかにもいかめしく思われて、内心おずおずといった感じが先走りしての緊張でした。この海本さんという人は筋肉質の体格でよく日焼けしていたのはもちろんですが、加えて背丈《せたけ》が二メートルもあろうかと思われる大男で顔一面の肌《はだ》に、小さな丸い穴ぼこがあって、顔そのものがいかめしかったのです。江原道の山崎さんは本姓が黄氏で、京畿道の海本さんは邊という名字でした。

私はこの飯場に入って、初めて山崎さんとも海本さんとも正式な自己紹介をし合いました。そこで分かったことは、山崎さんは前記のとおりであり、海本さんは京畿道沖の西海（黄海）の島の漁師の子ということでした。明治八（一八七五）年、日本軍が最初に朝鮮上陸を企て、朝鮮農民に対し銃撃戦を行ったあの江華島のすぐ近くの島で、わずか三十軒足らずの名もない小さな島だと言っていました。その島では日本人のことを倭鬼《ウェギ》と呼んだそうです。私のところでは日本人のことを倭《ウェ》奴《ノム》と言っていました。まだまだ朝鮮各地では日本人のことを別々の呼び方があろうかと思いますが、こうして憎悪《ぞうお》のこもった日本人の呼び方が、ほぼ八十年近く、明治、大正、昭和と続いたと思います。全ての朝鮮民族はこの八十年間の年月を通して、人間の冷酷《れいこく》さや愚《おろ》かさ、口惜《くちお》しさや悲しさを胸の中に詰《つ》め込んで生き抜いてきたと思うと、憤《いきどお》りよりも哀《あわ》れさが先立つ思いでした。

海本さんも、私の同行の申し出を「喜んで一緒にいくよ」と言ってくれました。そうと決まったら一日でも早い方がいいということになり翌日出発と決まったのです。この日が八月二十三日と記憶しています。

山崎さん、海本さん、私と三人で等分に金を出し合って、親方のところからドブロク酒を一升分けて貰《もら》い、今一人最後まで居残りの中川さんも誘って一席もうけたのです。

ドブロクを飲む

私は中川さんとは二回ほど飲み合ったことがありますが、山崎さんも海本さんも初めての酒席で互いに遠慮がちでしたが、そのうちほろ酔い気分となり話がはずみました。先ず中川さんが、

「俺は朝鮮の地理のことはさっぱりだが、今三人だけ残っているのは何か訳でもあるのか？」

と誰にともなく尋《たず》ねたのでした。私は片手を上げて、

「ハイ」

と言い、

「それはですね、日本にも県があるように朝鮮には道というのがあって、私達三人は隣同士なんですよ。それで先発した人達も同じ道とか、郡同士とかで組んで行ったんです。誰もかれもが突然この日本に連れて来られたので、いざ帰るとなると帰郷への道順が心細いんです。私なんか汽車に乗ったのも生まれて初めてだったたし、船に乗ったのもそうでした。だから何線の汽車に乗ったか、船はどこ行きだったのかも知らなかったのです」

と言いました。

「それじゃお前、まるで奴隷《どれい》じゃねえか」

と中川さんが言いました。

「そうや、その奴隷や、私たちはな」

と話を引きついだのは海本さんでした。海本さんの日本語も私同様につぎはぎだらけの日本語で、

「私は魚取る毎日、船も小さい、その日も魚取りに行く途中、軍隊の車来て、道で日本軍隊三人、トラックに乗れと命令、私こわい、仕方ない、トラック乗ったら京城（ソウル）までまっすぐ、トラックの中に朝鮮人三人おった、京城でバラバラ別れた、私だけこの日本に連れれて来たね、飯場炭坑に入れられて腹へって日本語分からない、先山さん悪い人、朝鮮バカとたたくね、蹴《け》るね、辛抱《しんぼう》たまらん、逃げたね、軍の工事場安全と聞いて広島の海軍基地へ手合わせて働くの頼んだね、おかしいね、軍隊に引っ張られて、軍隊に手合せて働くこと頼む、夜ふとんかぶって泣いたね、ほんと情けないし口惜しかったね、私死んでも日本の国許さないよ、中川さん…」

海本さんの目から涙がぽとっと落ちました。

中川さんは開いている左の目で海本さんをにらむように見つめていましたが、

「よう分かるでよ、朝鮮人も中国人だってイギリス人だって、同じ人間同士なのに人間が人間を馬鹿にしたり苦しめたり、全く情けない話よ。俺は片目がつぶれたのがきっかけで、なんとなく飯

場回りに落ちたんだ。おかしな話だがお陰様で両方の目あきより一段広い世の中を見てるような気がするんだわ。俺は元々ひねくれ者でホイホイ調子合わせができず、みんなとの付き合いも良くないんだわ。海本さんが死んでも日本を許せないというその胸の中、分からんでもないわさ」

と、中川さんはさらに、

「俺は思うんだ、みんなその恨《うら》み、日本とのくされ縁、もう断ち切れたんだから故郷に戻ったら、今度こそ自分のために家族のために思いっきり踏ん張れる。それが自分達の国のためにもなるわさ。それがまた、日本を、いや日本人を見返し、恨《うら》みつらみを思いしらせる、ということにつながると思うんだわ。別れに贈るあいさつとしては頼りないけど、同じ釜の飯食った仲間ということで、いざこざをせんで欲しいんだ。しゃちこばった話も同じ屋根の下で寝るのも今夜限り、気持ちよく飲んで良く寝て、明日の門出として欲しいんだ、海本さん」

日本人の中川さんが私達居残り組の三人への餞別《せんべつ》の言葉を要約するとこんな内容でした。この時、私も山崎さんも終始黙り込んで聞き耳を立てているだけでした。

この夜、海本さんの最後の言い分が印象的でした。

「仕方ないね、中川さんも私達も、みんな生きていく途中だからね、色々あるね、なんだかんだと言うても今が大事ね」

でした。私は思わず、

「そうですよね」

と答えました。

この「今が大事」ということは、後年、私の生き方に随分と役に立ち、また落ち込んだ時の奮発《ふんぱつ》の発奮剤《はっぷんざい》ともなったものです。だれ一人身寄りのないよそさまの国で、少年であった私は、将来の設計など夢のまた夢でありました。ただただ「今が大事」を念願にその日、その日を何とかくぐり抜けてきたのです。飾《かざ》り気なく言いますと、将来を考える余裕がなく、その日暮らしに追われていたということです。

この夜の海本さんの日本に対する恨《うら》み愚痴《ぐち》に、日本人の中川さんは朝鮮人に対する贈り言葉で交《かわ》し、海本さんは「今が大事」と受けたことで、二人には心の通い合い、心の分かち合いができたのだと思いました。私は二人が仲良く話し合っているのを見て、自分の行動に満足感この上なく、嬉しい夜であったのを忘れません。

尊敬というとおおげさですが、少なくとも私は片目の日本人の中川さんに弟子入りしたいほどの思いでした。人間の生き方や世間を正しく見る目や、事態変化に対応する適正な指針など、人間的に未熟であった私とはそれは天と地ほどの差がありました。気高く見えた中川さんとも今夜限りと思うと、なかなか寝つかれない長い夜でした。むりに眠ろうとするほど、戦争のこと、徴用のこと、炭鉱のこと、炭鉱脱走後のいろんな人との出会いのこと、そして故郷の親父のことや妹や弟のこと、果てはヨモル村の友達のことから、ヨンボン川の澄みきった川面に光る魚たちのことまで、果てることなく次から次へと、夢まぼろしのように思い出し体が熱くなるのでした。

別れのあいさつ

長い長い年月、虐《しいた》げられ恨《うら》み通した相手が滅び、奇跡的《きせきてき》に自分の国が解放され独立国となった今、誰はばかることなく故郷へ帰れる喜びは、何《なん》ともたとえようのないものでした。それなのに、良いことはともあれ、悪《あ》しきことや苦しかったことなど、様々な出来ごとがまるで愛着のように自分の体を駆け巡るとは、人間の精神とは不思議なものと思いました。

早々《はやばや》と先発した人々は、このような複雑な精神的不安さをどうやって消却《しょうきゃく》し旅立っていったのか、羨《うらや》ましく思ったものでした。板造りのつっかえ棒で突き上げた窓の外がうっすらと明けてくる気配がするまで、私の眠りは堂々巡りをしていたのです。短い夏の夜は延々と物思いの夜でした。

朝が来ました。

「日々毎日、一時《いっとき》たりとも忘れることもなく、思い浮かべ懐かしみ、ただただ帰ることだけに心を砕《くだ》き、気力をつくしたかいがあって、今日、ただ今、居残り組の私達も帰国いたします。私達朝鮮人の生き方をほめてくれた中川さん、日本人として口惜《くちお》しいことと悲しいことなど色々あると思いますが、それらを踏み越えて新しい人生を歩まれますよう祈りながらお別れします」

前夜なかなか眠れない寝間に考え、復習を繰り返したのがこの別れのあいさつでした。日本に来て十五ヶ月の間、多数の日本人と接触しましたが、この人こそ尊敬できる、または見習うところがある、そこには真実がある、と見たのはたった二人だけでした。

その二人の中の一人が中川さんでした。たった二ヶ月ちょっとの一つ屋根の下の共同生活でしたが、洞察力《どうさつりょく》に感嘆《かんたん》し引きつけられたからです。そんな人と今生《こんじょう》の別れと思うと、最高の儀礼をつくしたいと思ったからでした。通じたのか、中川さんの片目に涙がありました。別離のあいさつを言った私も目がかすみました。驚いたことに、死んでも日本を許せないと言った京畿道の海本さんが、中川さんの両手を握りしめて、いつまでも放そうとせず、互いに見つめ合っていたことでした。年少であった私には二人が何を語り、何を誓《ちか》い合っているのか分かる道理はありませんでした。

人間というものは種族や民族が違っていても、一人ひとりの個人になると、そこには通うものがあって、親しみや敬《うやま》いや情けなどがおのずと湧《わ》いてくるものでした。それが、民族、国家になると、理解心や同情心や援護心が薄らぎ、果ては軽蔑《けいべつ》し侮辱《ぶじょく》し、さらに腕力《わんりょく》をもって弱者をねじ伏せにかかるその心理は一体どこから発生するのでしょうか？　中川さんもただ黙《もく》していつまでもいつまでも握手を続けていました。

江原道の山崎さんは、私のあいさつが終わると、さっさと外へ出て行ってしまいました。私一人

が出そびれて、間の取れない時が流れました。たまりかねた私は、二人の間を割るようにして、

「それじゃ中川さん、お元気で!」

と重ねて別れのあいさつをしました。

山崎さん、私、海本さんの順に、丘の斜面の細い急な自然道を一気に駆《か》け降《お》りました。一般道路に着くと、三人ともに丘の方を見上げました。

一週間前の八月十五日正午、あの玉音放送とやらを聞いたあの赤土の広っぱの突端《とったん》で、中川さんが上半身はだかのまま片手を高く上げていました。私達は三人横並びして、丘へ向かって最敬礼をし、そして片手を高くあげ中川さんに答えました。今までは別れも出会いも、未来を感じて淋しさも悲しさもなかったのですが、今度の別れだけは特別でした。これから故郷へ帰るという跳《は》ねた気持ちはもちろんありましたが、その跳《は》ねた気持ちに勝る淋《さび》しさ悲しさが、もう二度とあの中川さんと会えないという見通しから来る淋しさがありました。自分の将来、国家の将来が、明るい羽《は》ばたきの矢先の別れだったので、なおさら心の揺さぶりが重なったのです。

帰国の第一歩

八ヶ月余り前、住友唐津炭鉱からの脱走の時は、もう死んでもこんな所へ足を向けるもんかと、

神懸《が》かりのような一途《いちず》な思いを体全体に熱く焼き付けたものでしたが、今、平穏で互いに後腐《あとくさ》れのない、それに、もう二度と相見《あいまみ》えることだってあるまいと思いながらの胸のつまりを覚えました。

一週間前までは、たとえ一つ屋根の下で寝起きしたとはいえ、中川さんは私達の国を征服した国の国民であり、当然ながら私達を侮辱《ぶじょく》し、邪険《じゃけん》に扱ってもこと足りる身分と立場を持っていました。それがあの玉音放送の後、その身分も権威も、まるで崖崩《がけくず》れのようにあっという間に全ての日本民族をのみこんで押し流してしまったのです。

今まで述べたように、中川さんという日本人は、自分に与えられた権威、権力を卑下《ひげ》し、そしてそれらを惜《お》しげなく根こそぎ投げ捨てた人でした。大方《おおかた》の人間は、権威、権力を与えられたら、それ相応に行使するか、図にのって相応以上に腕を振ろうと気負《きお》うのが一般的であろうと思いますが、そのような自負や野心を己自身で退治した、最も人間的正義を持った中川さんでした。私はそのような中川さんと、自分の生まれ故郷とを天秤《てんびん》にかけ悩みましたが、やはり生まれ育った故郷そのものの染み付いた自然力には勝てませんでした。日本という土地や国そのものには何の未練もありませんでしたが、「ありがとう」と言いたいのは、炭鉱の先山の浦さんであり、未練が残るのは中川さんでした。こうした複雑な心境をかかえて、同行の黄さん、邊さんと共に帰国の第一歩を踏み出したのであります。

三人は高台の飯場をおりて県道か国道かを横切り、畑の畝《うね》やたんぼの畦《あぜ》を飛び越え横切り、鉄道の線路を捜し、線路伝いに駅まで歩いて行きました。当時の甘木線の発着時間の間隔は二時間ぐらいではなかったかと思います。私達は駅に着いて間もなく汽車は来たのですが、その時は午前十時近くで、それが第二便ということを記憶しております。連絡船は博多から出港とのことでしたので、博多まで往復の経験がある私が案内役を務めることになりました。

私達が博多駅へ降り立ったのはお昼近くでした。私は博多へ来たのはこれで三度目です。最初は多々良の青年学校を出た翌朝、志願兵逃れのため、たった一人で星山飯場を逃げ出し、箱崎松原を抜《ぬ》け博多駅前を通って、板付飛行場の飯場へたどり着いた時でした。次は一ヶ月後の六月中頃、博多大空襲の二日後でした。そして今度は三度目の正直、晴れて自由の身となり、わだかまりを押し退《の》けて故郷へ帰るために来たのです。二ヶ月ぶりの博多でした。駅舎はあの大空襲の直後となんら変わっていませんでしたが目の前の変化に驚き「なんで？」と思うほど変わっていたのです。

博多港にひしめく群衆

駅舎の待合所はもとより駅前広場は、人、人、人でひしめき合っていたのです。よれよれの軍服姿の人々は、骨を剥《む》き出しにした顔で力のない目だけをキョロキョロ、まるで宿無し浮浪者の群れが獲物を追い求める仕草《しぐさ》でした。その仕草は私達ばかりでなく、博多の町の住人の人々も目に止めたに違いありません。黄さんも邊さんにもその様子は異様に映《うつ》ったようです。

先ず邊さんが、

「この兵隊達は何《な》んなんだ?」

と聞きました。私は、

「さあ?」

としか返答のしようがなかったのです。今朝《けさ》、中川さんと別れたあの飯場へ入って間もなくのことを思い出しました。毎日、昼になると防空壕掘りの現場から各々《おのおの》が飯場に戻って昼食をするのです。ある日の昼、騒がしく食事の最中、夏の軍服が白に近いほどに、洗いつくした半袖シャツに半ズボン姿の下級軍人二人が、どちらも左肩に二個ずつ飯盒《はんごう》をぶらさげ、食堂の入り口に現れ、

「敬礼っ!」

と大声をかけたのです。みんなの目がそこへ集中した時、

「我々はご飯を所望《しょもう》に参りました。よろしくお願い致します! 終わりっ!」

直立不動、そのまま立ちつくしていました。

私は初めて見る出来事だったので箸《はし》を止めて立ちあがったのです。ところが他のみんなは何事もなかったかのように食事を続けていたのです。間を置いて飯場のオモニ(主婦)が軍人に近付き、二人の肩から四つの飯盒を取り上げ、私達の目の前にあるオヒツの御飯を押さえつけるようにして

飯盒に詰《つ》めると、立ちつくしの軍人の肩に黙って元通りかけました。軍人は直立姿勢のまま、

「敬礼！」

と号令をかけ、

「回れ右！」

の号令と共に入口から姿を消しました。

その後も一週間に二回ほど、八月十五日まで続いていました。それほどの苦汁をなめながらも、なお、皇国のため命を捧げるというその心理は、私には理解できませんでした。端的に言うと当時の食糧難を現わしていたのです。当時、日本中に畑も田圃《たんぼ》も休耕地がいくらでもありました。日本国内が直接戦地でもなかったのに、何故、軍人達は食糧生産（自給自足）に目を向けなかったのでしょうか。皇国臣民を鼓舞《こぶ》し戦争に煽《あお》り立てたのは、他でもない軍部そのものが張本人であったはずです。その軍部に属する軍人が、こともあろうに、一介の工事現場の飯場、それもほとんど朝鮮人で構成されている飯場へ、飯乞《めしご》いに来るとはよほど込み入った事情があったにせよ、この時の私は驚くというよりあきれかえったものでした。

ほとんどの飯場人が飯乞いの軍人に目もくれなかった態度の底には、たぶん私同様にあきれ、そして思い知ったかという蔑《さげす》みの表現であったに違いありません。

当時の軍部は食糧の調達には徹底的でしたが、食糧は生産するものであるという原点には及びつ

かなかったようです。戦争というものは人間そのものが主役であるのは言うまでもないこと、その当事者である人間が、軍人という役割を果たす前に、生命の維持に必要な食糧が不足していては、それこそ腹がへっては戦にならんということでありましょう。事実、この飯乞いが始まって三ヶ月もたたぬうちに日本は敗北したのです。一言で敗北というと、至《いた》って簡単明瞭《かんたんめいりょう》に思いがちですが、およそ十五年間も明けても暮れても戦争を続けていたのです、そう簡単に片付くものではない、というのが実感でした。何といっても何百万の人命が、敗北という現実の前に無駄死の憂き目に散りました。それに気が遠くなるほどの莫大《ばくだい》な戦費が風のように消えたのです。

これらを支えるための朝鮮人の労働力も骨折り損でした。十五年戦争の敗北は日本人も朝鮮人も共に疲れ切った肉体だけをさらしたのです。博多駅前周辺にたむろし、うごめいている軍人達は、その敗北した帰還兵の群れであったのです。同じく私達は帰国途中の徴用人でした。今、この博多駅周辺でうごめき回っているのは、おそらく九州近辺駐屯地からどこかへ帰還途中の軍人に違いありません。

博多は今も昔も九州随一の都市、途中下車して食糧探しが始まったのでした。しかし、博多は二ヶ月前の大空襲で、わずかに新博多駅周辺が難を逃れただけで、博多駅前から築港まで、左側の渡辺通りから中洲、天神町まで、ところどころに建物が残っているだけで、それは見事に焼け野原となり、破壊された残骸《ざんがい》をさらけ出しているだけでした。食糧に巡り会えるのは神仙郷《しんせんきょう》で仙人に巡り会えるより難事であったと思います。

築港の姿

私達三人は、そんな帰還兵達を尻目に駅前から築港までの目抜き通りのなだらかな下り坂を歩きました。路幅《みちはば》は相当に広かったのですが、破壊された残骸や土砂の飛び散りで、直線の道はくねくねと歩かなければならない始末でした。五百メートルほど歩いた所の前方に、築港の姿が視界に入りました。博多駅を背後に歩いて来た私は、黒こげの壁の一部や引きちぎられたような骨組みの鉄筋が曲がり、醜《みにく》い肌《はだ》をさらした所に目がとまりました。

それが建物の壁だったと思ったのは、顔を上向きにした高さのところに、ちぎれた残りの窓の半分が宙に浮いてぶら下がっていたからでした。残り壁の手前、通りに面したところに、ここの建物の支柱なのか門柱なのか、上部のくだけたコンクリート造りの柱めいたのがあり、通りに面した角面に「井筒屋」と彫り込んだ、すすけた金看板が埋め込んでありました。

空襲にあう前はさぞかし金ピカ看板（銘板）で何階建ての建物であったか、かなり名のあった店であったろうにと見入ったものでした。そこがなんという町名なのか知りませんが、築港はこの辺から視線に入ります。群衆のうごめきも目に入りました。不思議と地続きの向こうの端に、黒々と屋根が見えました。その先の向こうが水平線でしたが、線上には何の物陰もなく青い海原だけでした。

「あの海を越えるんだ。そうすれば故郷へ帰れるんだ。そして、元通りの生活に戻れる」

その思いだけが胸と頭の中を上下していました。もう植民地のことも、戦争のことも、徴用人の苦痛も、すっかり遠ざかっていました。心は自分の故郷へ先回りしていたのです。

浮足だったこの気持ち、だれも知らない秘密の宝物を体内に隠している気持ちでした。十八年間生きてきて初めてこんな嬉しい気持ちに出合いました。自分でも不思議なくらい朝鮮人という民族の誇りが体全体を包み、駆け巡っている感じで、他の何物の感情も入り込めない恍惚《こうこつ》とした気分でした。半月前まで支配され、屈辱的《くつじょくてき》な感情をだきかかえ、自分の意志を封殺《ふうさつ》してきた人生もこの時、博多の築港を眼前にすると感無量になり、はるか彼方《かなた》へ立ち消えていったのでした。

ただただ、故郷に帰ることのみに支配されていたのです。生きるための生活状況は、百八十度ひっくり返ることとは誰もが承知でした。

私のように生まれながらに植民地の悲哀《ひあい》を背負い、精神を束縛《そくばく》され、言語の圧迫に加え、その体まで奴隷《どれい》同様に引きずり回された者にとって、これらの障害が一部と言わずに完全に取り除かれ、拭《ふ》き払われた白日《はくじつ》の天地へ大手を振って帰るというその熱意が、私達朝鮮人の精神を百八十度転回させていたのです。

焼け残った馬小屋と水上警察署

新博多駅から築港経由で天神町行の線路（市電）を跨《また》ぎ、築港専用の大通りをたどりました。潮の匂いというより複雑な臭《くさ》い匂《にお》いが私達を誘《さそ》い入れました。すでに博多の築港へ、この臭い匂いに誘われて何万と思われる朝鮮人が寄り集まっていました。私達三人連れは、この何万人もの群れの中へ身を寄せ合うことになりました。私達はまっすぐに埠《ふ》頭《とう》の船着場を目指し市電通りの線路を跨いで、そのまま築港通りへと踏み込みました。船着場の埠頭まで五、六百メートルという感じでした。路幅《みちはば》は現在の一級国道ぐらいあったと思います。この地帯は人工的に埋め立てた所と思われ、左右の横端の防波堤はコンクリートで埠頭に向かって右側は平地より五十センチほど突き上がった防波堤でした。左側は突き上がりがなく、平面の切り通しでした。生まれて初めて踏み込んだ所ですので左右をしっかり見ながら歩きました。

そこでまっ先に目に飛び込んだものは、右側には帝国軍人達がいかめしく乗り回していた馬、その馬小屋が防波堤まで、横並びの棟が十数棟並んでいました。そして、左側にはこれまた珍しく水上警察署だけがその威厳をはぎ取られたようにポツンと焼け残っていました。建物はコンクリート造りで黒々とすすけていましたが、当時の警察の威厳《いげん》の象徴である十段近い階段を上がると入口がある古い建物でした。私の記憶では水上警察署の付近に他の建物はありませんでした。右側の馬小屋、左側の水上警察、その中心部を貫いた埠頭《ふとう》通り、その突き当たりが船着場、私達三人組はまっすぐに船着場へと突き進みました。右側の馬小屋の並びが終わったところで、一見して細長形の運動場に似た広場があり、突き当たりの船着場の待合所まで延びていました。この広場は後で分かったことですが、そこは馬の訓練場でした。

船着場の先は言うまでもなく海原《うなばら》であり、その海原のはるかな向こうは私達が目指す故郷であり、祖国である朝鮮です。人工的に造られたと思われる海に突き出たこの一角には、すでに何万と思われる人々が右往左往し騒然としていました。この人々もまた、私達三人組と同じく祖国へ帰還する朝鮮人であったのです。この時まで私はこんなにも多くの群衆を見たことは初めてでした。

普通の生活の中で、人の群れに出合うのは、だれそれの結婚式とか、それの葬式であり、または村の有志の寄合で公会堂（公民館）に集まる大人達の姿でした。私が見知らぬ人々の集まりの中に初めて入ったのは学校へ入学した時でした。つぎは多数の面、村を管轄する郡都の谷山邑《むら》の青空市場です。この市場には、数回親父に連れて行かれました。青空市場は確か数ヶ月に一度ぐらい開催日が決まっていて、その都度、大人達は出かけるのでした。市場ですから物の売り買いはもちろん、昭和十年前後の市場模様は物と物（物々交換）が主流でした。それはもう千差万別、ありとあらゆる物を持ち寄って交換するのです。穀物、動物(牛や馬)、鳥類、手作り家具もあれば瀬戸物から鉄製器具等々、それぞれに見合う品物を捜して交換するのでした。

なにしろ数十ヶ村の郡下の民衆はもとより、他の郡村からも駆《か》けつけるので、市場と言わず、その周辺も人々で埋まりました。しかし、それらの人々は、太陽が西へ傾きかける頃は、朝方来た道を引き返すのです。そんな光景でしたので、その時、何百人かの群衆を何回か見たのですが、それは生活上の光景としか映らなかったのでした。

それから私が一年生の時か二年生になってからか、当時の京城（ソウル）で何かの博覧会があるとかで、父親は何を考えたのか知りませんが、幼い私を引き連れてはるばる京城までバスや汽車を乗り継いで一泊旅行したのです。私は幼い子供でしたので何もくみ取ることはできませんでした。ただ、今でもうっすら覚えていることは、ここが鍾路《チョンノ》といって都一番の繁華街とか、ここは倭奴《ウエノム》（日本人）が来る前まで我々の王様が住んでいた王宮で景福宮という所なんだとか、これが日本人がやっている百貨店といって、ありとあらゆる物を売っている店が入っている建物だといって、空を突くような建物を見上げて指さすのでした。しかし、私は店頭に並べられた初めて見る色々な品物に目を奪われ、その建物が何階ぐらいあったかも覚えておりません。それに間違いなく何千何万の人々が行き交ったと思いますが、まったく無関心そのものでした。

そのような人間の集団移動をおりに触れて実地教育された私でしたが、この博多築港の群衆には、ただただ驚くばかりでした。私達三人組はもとより、私達の前も後も横々も切れ目なく詰めかけるのですから、まるで人の波が動いている感じだったのです。

私が一年ちょっと前、住友唐津炭鉱へ押し込まれ、その炭鉱は朝鮮人労働者（徴用人）が三百人もいると聞いて、「なんということを」と、日本の悪行《あくぎょう》を心身共に嘆いたのは、ほんのひとかけらでしかなかったということに、自分の未熟さにあきれるばかりでした。

帰国への大きな誤算

戦争が終わって十日も経《た》ち、私達が一番遅くこの博多へ出てきたと思っていたのは大間違いでした。後から後から押寄せて来たからです。何万人かと思われた群衆は、十日経《た》ち二十日経つと、いつの間にか朝鮮人だけの群衆が何十万人とふくれあがっていたのです。そして、この何十万人かの博多築港の朝鮮人群衆は、秋の涼風がよぎる頃にだんだんと生き地獄へ落ち込んで行くのでした。

私達三人組はもちろん、他の人もそんな生き地獄が待ち伏せるなんて予想だにしていなかったに違いありません。私達が故郷へ帰れると嬉々《きき》としてこの博多へ踊り出てきたのは大いなる誤算であり、無知ゆえの大きな打撃であったのでした。

あの八月十五日の正午、玉音放送の後に高級軍人が、

「今日ただ今より、大日本帝国は、お前達に自由を許したのである。今後、一切お前達に関与し

ない！」

という宣言を私達朝鮮人は感無量の感激におぼれて歓迎し、歓喜の宴《うたげ》に酔いしれてしまいました。この宣言の内側にある趣旨と、聞く方の朝鮮人側の思いが相反していたのに、そのずれに気づかなかった無知を、何十万の同胞の群を目の前にして、初めてその宣言の虚《むな》しいことに気づいたのです。それに重ねて、博多に行けばすぐ船に乗れるものと思い込み、自分達の連行時の状況に照らして、連れてこられたのだから帰してくれるのは当たり前との感覚も「関与しない！」とのことで、すでに空虚となっていたにも関わらず、「自由を許した！」というそのことば、抱きかかえて宝のツボに閉じ込めたいくらい高ぶった気持ちで、その宣言全てを善意をもって飲み込んだのが、そもそも無知が故の大誤算となったのです。私達三人組は群れをかき分けるようにして、船着場の待合室へ直進しました。

やっとのことで待合室の入口に迫った時、待合室の前には荒縄が張られ、三、四人の朝鮮人青年が立ちはだかり、

「これ以上は中へ入れない、戻って下さい！」

と叫ぶように阻《はば》んでいました。京畿道の海本さんが、

「なぜだ、帰国のために来たんだ。手続きを取らせてもらわないと困るじゃないか！」

と詰め寄ると、青年は、

「見ての通り、先に来た者から順番に乗船するように番号札を配っているのですが、現在一万人ぐらいしか配っていません。それ以上の人は乗船口に近い人から順番ということになっています。出来るだけ船着場に近い所へ場所を取ってください。乗船は一日三百人、船賃は一人百円、十八日から船が動いていて、今まで二千人ほど帰国しました。少しでも早く場所取りしてください！」と言うと、後はもう相手しておれないという態度を露《あらわ》にしたので、引き下がるほかありませんでした。私達は直進して来た道を再度戻るしかなかったのです。

片側の待合所まで続いている馬の訓練所の広場は、すでに来た人々がむしろを敷いたり、古板を並べたり、古ゴザや古布団を敷いて、それぞれ陣取りをして埋まってしまっていたのです。もう片側の水上署の並びはコンクリートの床のせいと、防波壁の止め上げがなく満ち潮の時、波しぶきがかなりの距離を打ち上げるので陣取りはなく、まばらに立ち、あるいは足を投げ出して座っている人達は、一様にはるかな海原を向いているばかりでした。

私達はついさっき跨《また》いで来た路面電車通りを、これからどうするか相談しながら歩いて行きました。つまるところ、結論づけたのは、ひと月の三十日間休みなく船が動いたとして約一万人しか減っていきません。このままだと私達は故郷へ帰れるのは二年か三年後という、気が遠くなる状況だったのです。私は持ち金といったら三百円ちょっとしかなかったのですから、身震いするほど心細く先が思いやられるばかりでした。

まもなく、さっき通りながら見た馬小屋の所へ来ると、その馬小屋に人の出入りが目につきました。三人で相談の上、長期待機のことを考え陣取りは馬小屋に決めました。船着場に近い方の馬小屋は、すでに陣取られていて、路面電車通りに近い水上署の斜め向かいにあたる馬小屋の空き家に陣取りを決めました。馬小屋は建築現場で使う丸太を組み合わせて作っていて、横長の棟で一棟に約十二の馬小屋が並んでいました。

とっくに昼は過ぎて、私達は朝、出発の時にもらったおにぎりを馬小屋の前に座り込み腹ごしらえをしました。船着場の待合所から五百メートルほど離れた所でした。船に乗れる時期がまったく予想できない状況でしたので長期間待機を考えて、まずはねぐらを確保することが先決ということであったのです。私達が馬の通路でにぎりめしをほうばっている間も、築港通りはまるで一方通行の道路と間違うほど、船着場へ向かって絶え間なく人の群れは増え続けていました。馬小屋は幅一間半、奥行き二間ほどで、その区切りが十二あり、一棟の長屋に十二頭の馬がいたと思います。

そのような棟が十棟ほど並んでいましたから、相当数の馬がここで訓練を受けて、次々と戦地へ送られて行ったのだと思います。棟と棟の間の往来路は幅が二間ほどもあって、かなり広々としていました。それに棟の両端と中間地点に水道の蛇口が取り付けられていて、これだけが天の恵みでした。

私達三人組はこの馬小屋を自分達のねぐらにしようと決めたのですが、その中のワラと馬のフンがしみ込んだ汚物をどうするかが難題でした。ああしようか、こうしようかと方法がまとまらない内に夕闇《ゆうやみ》が迫りました。

八月の末頃とはいっても、まだまだ暑い夜の続きで、夕暮れとともに馬小屋独特の臭さと汚物《おぶつ》から発散される匂いに呼び寄せられるように、蛾《が》や雑虫が入り混《ま》じって、真っ黒になって押し寄せるのには鳥肌《とりはだ》が立つ思いでした。

水上警察署の階段下

けっきょく私達はその日は馬の往来路での夜明かしをあきらめ、築港区内から脱出し、当時の新博多周辺に足を延ばし、その辺をうろついてある一軒の百姓屋に目をつけ、庭の隅に空きカマスが一メートルほど積み上げてあるのを見つけました。私達は三人並んで、

「こんばんは」

と二、三回続けて声をかけましたが、居るのか居ないのか全く返事がなかったのです。返事はないけれどもカマスは欲しい。仕方なく三人はそれぞれ一枚ずつカマスを丸め左脇に挟んで築港通りに戻りました。一番年長の海本さんが明日あの家に行ってカマス代を支払わななならんなと言い、翌日またあの百姓屋へ行くことが決まりました。

築港通りへ戻るのは戻ったのですが、脇にカマスをかかえたまま夜明かしの場所を見つけようと船着場まで行きつ戻りつでした。馬の訓練所であった広場は、人間を敷きつめたようにいっぱいで隙間《すきま》はありませんでした。仕方なく元の馬小屋のあるところまで戻って気がつきました。馬小屋の向かいにある築港通りを隔《へだ》てた向こう側にある水上警察署の前庭です。私がそのことを話しますと、年長者の海本さんが、そんなところは蹴飛《けと》ばされるんじゃないかと言いましたが、私は、

「大丈夫《だいじょうぶ》、そんなことしないと思います。もし雨が降っても警察の玄関のひさしは大きく広いから、そこへ駈け込んで雨宿りができると思いますし、あそこしかありませんよ、まあ、試しにひと晩やってみましょう」

と言いました。昼間の暑さが夜になってもそのまま引き継がれ寝苦しいことと、他に寝ぐらにありつけない者の当然の成り行きとして、警察の玄関前を夜明かしの場所に選んだということでした。

この警察の玄関前を夜明かしの場所に選んだのは、昼間、船着場へ行った時、そこの場所に日本人が何人かいたのですが、帰還のために押し寄せる朝鮮人が一日何千人と押し寄せていたから、その整理に追いつけなくてまるで無法地帯化し、強い者勝ちの無秩序が幅をきかしていて、とても弱いおとなしい者の出る幕のない状況を目の前に突き付けられ、腹にすえかねるものがあったからです。この何十万と思われる朝鮮人だけの群衆とはいえ、これを束《たば》ねる、あるいは導くといった警察力の弱腰無気力の現実が私を揺さぶったのです。ついひと月ほど前まで朝鮮人といわず、自国民で

ある日本人までもふるえあがらせたあの警察は、戦争が終わった途端にそれこそ猫に睨《にら》まれたネズミのようにふるえおののく姿が目に浮かび、その無能さに再び腹にすえかねるものがあったのです。警察の玄関前に無断でくすねてきたカマスを敷いて夜明かしを強行した裏には、これまでどんなにかその巨大な権力に苦しめられてきたことか、思い知らせてやるという、うがった仕返しの邪心《じゃしん》の表現でもありました。結局、私の強引な座り込みで、山崎さん、海本さんも引きずられた恰好《かっこう》になったのでした。

漁師であった海本さんが「仕方ないなー」と言って座り込んだことからして分かりました。しかし、私の内心は満足この上なかったのです。これが日本の権力に対する最後の反抗であったからです。三人が仲間になって初めて、自分の意思を通したからでした。三人の中で私はとりわけ年少者でありましたから、内心は得意満面の気持ちであったのです。夜は段々と静けさが深まりました。騒々しかった馬の訓練場の群衆も各々のゴザやむしろで横になり、故郷に思いを馳《は》せているのでしょう。まったく秩序がない有様の中にも、それなりに船着場の待合所から馬の訓練場（馬場）へ、その馬場でも船着場に近い方からと暗黙の秩序がしかれていたのであり、まったくのむちゃくちゃでないことが分かった時は後の祭りでした。

私達三人組は、静かな警察署入口の階段横の陣地で更けゆく夜と船着場の無秩序を嘆き、いつ船に乗れるのか不安になり、持ち金の切れ目をおののきつつ長期必至に備えるため、ああでもない、こうでもないと検討を重ねるばかりでした。

けっきょく私達が順調に船に乗れるとしても、来年にずれ込むのは確かなことでした。そう決まった以上、この築港付近で寝ぐらをかまえることは至極当然のことであり、当然ながら雨つゆをしのがねばならないのが必須《ひっす》条件でありました。私はその条件にかなうところは、あの馬小屋しかないと主張しました。しかし、海本さんだけは、かぶりを振りながら、

「もう四、五日ようすを見てからでも遅くないだろう」

ということで、海本さんの意見に従うことにしました。

寝ぐらのことは一応けりがつきましたが、何といっても船に乗ることだけが目的であっただけに、三ヶ月後か半年後か、それとも一年後になるのか、船に乗るまでの長期戦を考えると、初めての野宿という興奮も加わって、目が冴《さ》えるばかりで心は不安が満杯状態でした。

この状態に陥《おちい》ったのは、先にも述べたように第一に私達朝鮮人の無知が故にであり、第二は予告なしの突然の終戦が原因だというのが私なりの考えです。この博多築港へ来るまでの朝鮮人は、例外なく日本から解放され独立国となった祖国の変化に浮き足立ち、その時の一歩先の状況を予想し取り込むことができなかったと思われてならなかったのです。そして、日本国民はというと、昨夜まで夢にも思ってなかったことが前ぶれもなく、十何分かの終戦宣言で、大日本帝国の敗戦と崩壊の憂き目に出くわし、国民は悲痛のどん底へ落とされ、自分の事後処理さえおぼつかないほどに混

乱状態に陥り、私達朝鮮人の帰還などには目を向ける余裕など有り得なかったのです。

この両方の心理が掛け合って、私達の帰国に伴う手続きや秩序が空白化していたのだと理解するしかありませんでした。つまり、お互いがその時の状況に応じられる心構えがなかったということにつきるのです。私達が博多駅からまっすぐ築港へ向けて、築港口の路面電車の線路を跨《また》ぎ、築港口の一線に踏み入れたところで順次その順番を設定し、決めていかねばならないはずですが、その整理が、船着場の待合所まで突き進んでも、そのような係りの姿はまったくなかったのです。ただ、私達が出会ったのは、待合所の入口へたどり着くと、立ち入りを拒む荒ナワが張られ、見張り役と思われる若い朝鮮人青年が、地続きの馬の訓練場である広場を指さして、

「あのように順番に場所を取って待機してください！」

と指示するだけの秩序だったのです。

水上警察署が目に届く距離にあるにも関わらず、その絶え間なく押し寄せる人の群れを、そつなく整理し秩序を保つ権力の維持がこれまた皆無でした。

このような状況に対するはらいせも手伝って、私達三人は警察署入口の階段下で野宿を決め込むという行動に行きついたのでした。

年長の海本さんが、

「こんなこと、ずいぶん無鉄砲なことだ。戦争が終わったということは、世の中が変わってしま

うということだなー」

としんみり言いました。私も同じ感じでしたが、「独立なった朝鮮は、これからどう変わるんだろう？ そして敗戦国の日本は？」と考えても想像できることではありませんでした。

アメリカを主力に十ヶ国に近い国々が連合軍を組織し、日本と戦い戦勝国になったのです。その連合軍がすでに首都の東京に進駐して、市中を巡回しているとの噂《うわさ》が博多の築港にも流れていました。

私達三人連れが築港へ来たのは八月二十三日、ここには連合軍の姿はありませんでした。私達が水上署の幅広いコンクリート造りの階段下にもぐり込んだのは、長い夏の薄暗くなってからでした。しばらくの間、誰も話すことなく時が過ぎ暗闇《くらやみ》が迫ってきました。この時期は旧暦でいうと月初めなのか、月の明かりさえありませんでした。築港広場の方は大群集となった朝鮮人の群れが絶え間なく動き、喧々《けんけん》ごうごうの状態でした。

水上署の裏手は運河のようになっており、横手は埠頭《ふとう》で防波壁がなく、荒波が来ると水上署前の築港路まで波しぶきが吹き上がりそうでした。水上署の階段は道路の一車線ほどの幅があったかと思います。長さは七、八メートルもあり緩《ゆる》い勾配《こうばい》の階段でした。階段下の奥は背伸びができる高さがありました。私達三人は中央のあたりに座っているので、正面から昇り降りする人には目につきにくかったと思います。ただ、横から見られたら一も二もない所でした。

半時間ほど経《た》っても三人とも沈黙《ちんもく》のままでした。私は何となくバツの悪さを感じてきました。そこの階段下へ行ってみようと言い、まっ先に入って行ったのが私でした。海本さんも山崎さんも仕方がないから一緒に来たのではないかと思えてきたのです。

そこは馬小屋の臭いもないし、蚊や雑虫も少ない。それに潮風が涼しい感じでした。ここの居座《いすわ》りの環境はまずまずでした。しかし、私は誰にともなく、

「すみませんでした」

と、ぽそっと言いました。すぐ隣の山崎さんが、

「うーん、何のことだ」

と聞き返してきました。

「はい、ここへ入って来たことです」

山崎さんは、

「あーそうか、まあちょっとぐらい気は引けるけど、これも経験のうちだと思えばいいさ」

と海本さんにも話しかけるのでした。海本さんはちょっと間をおいて、

「ここは築港の中で一番静かでいい場所だが、長居《ながい》する場所ではない。また、宵《よい》の内だから、あと一時間ぐらいしたらここを出よう。そして、馬小屋へ戻っておおぴらに背伸びした方がいい。そして、これまでの気持ちを整理して新たな気持ちに切り替えることが必要に思うんだ。さっきから

考えて見ると、ここでは話し合いも相談することも、ちょっと無理なんだよな、何と言ったたって場所が場所なんだもんで気が引ける。しかし、今はもう少し静かに考えたいこともある」

と言いました。そして、一時間ぐらい経ったころ、海本さんが、

「では立ち退《の》くとしようか」

と言い、カマスを二つ折りにして腰を上げて出て行きました。続いて山崎さんも、

「俺《おれ》たちも行くか」

と言い、海本さんも同じように出て行きました。私も、

「ハイ」

と返事をして、敷いていたカマスを二つ折りにして脇《わき》に挟《はさ》み、山崎さんの後ろに続きました。

馬小屋へ向かう

私はこの階段下へ入ってくる時の気持ちとは裏腹《うらはら》に、自分が咄嗟《とっさ》の出来心といえ、それを行動に移してみて、はじめて自分の行動がいかに無意味で下劣《げれつ》であったかと思うと、恥《は》ずかしさもさることながら、俺《おれ》はやっぱりまだまだ子供だなと、暗い夜空を見上げ情けなく思いました。

通りに出ると、暗闇《くらやみ》の中を一人で黙々《もくもく》歩く人、連れと誰かの悪口を言い合いながら船着場へ向かっ

ている人、そのほとんどの人が片手で足りる荷物しか持っていません。人が行く方向は皆同じです。私達三人だって同様でした。ただ、カマスをかかえて歩く方向だけが逆でした。暗い中でもコンクリート道路だけは灰色っぽく浮き出ていて、人と人がぶつかる心配はなかったのですが、横並びに歩くことには気を使いました。

昼間だったら二分もあれば十分な距離のはずのところが、暗い上に人通りが絶えないので、それこそ牛歩のような歩きで時間がかかりました。

先頭を歩く海本さんは、何を考えながら歩いているのか、ゆっくりした足取りでした。海本さんの後ろに山崎さん、私は二人の後をついて歩きながら、階段下へもぐり込んだことに、こだわっていました。日本は戦争に負けた、俺の国は独立国になったんだ、日本の軍隊だって俺たちに自由を宣言し、一切関与しない、と公言した。だからこの際、積もりに積もったうっぷんをこれみよがしに晴らしてやる。俺らを見つけて警察が文句を言って騒ぎでも起こしてみろ、ここには今、何万人かの同胞がいるんだ。水上署の一つぐらい物の数ではないわい。

最初、私はそんな横着《おうちゃく》な気持ちを持って、水上署の階段下にもぐり込んだのでした。ところが、もぐり込むと海本さんも山崎さんも物言わぬだんまりでした。私はその二人のだんまりによって、自分の考え方の未熟さと浅はかさに気付いたのでした。だからと言って、「私のしたことが気に食わないのですか、なぜ黙っているのですか」とも聞けませんでした。二人のだんまりの原因は私にあることを確信できたからです。

いくら戦争に負けた国の警察署だからと言っても、法にしたがい警察権を持って管轄《かんかつ》内の秩序を守るのが警察の職務で、戦争の勝ち負けに左右されるものではない。これが二人のだんまりの中で私が引き出した結論でした。

私が階段下へもぐる時、二人はすでにこのことに気付いていたに違いないと思いました。しかし、止めることをせず、時間をつぶしてくれたのです。二人は私自身の判断に任せたんだと思いました。二人のだんまりの時間は、私の判断の時間でありました。私は自分の判断が間違っていたことに気付き、

「すみませんでした」

と自分の心得違いを謝《あやま》ったのです。海本さんも山崎さんも私が謝ったことで、やっといつもと変わらぬ平然とした態度になりました。しかし、私は自分が行った行為によって、二人に気まずい思いをさせたことに謝意《しゃい》を表したのであって、日本に対するうっぷんはいささかなりとも消えてはいなかったのです。

戦争に負けて悲嘆《ひたん》にくれている日本国民には同情し、励《はげ》ましの心情も人並みに持っているつもりですが、日本国家が私の国、朝鮮に対して、朝鮮の国民に対してまでも、あまりにも非人間的な扱いを平然とやってのけた事実は、消すことができないものです。私には踏みつけられ、そして虐《しいた》げ

られた恨《うら》みやうっぷんが、そうたやすく消えるわけがありません。

私達三人は自分たちの寝ぐらと決めた馬小屋の前に行き、そこに張られた縁縄《ふちなわ》を取り外し、広げたカマスの変身である筵《むしろ》を敷いて寝床としたのです。雨つゆを凌《しの》げる場所ができたことでひと安心という所でした。馬小屋通りのあちこちから煙が立ち昇っています。虫よけに雑草を燃やしているのでした。

私達が陣取りをしたのは、博多の外周を回る、いわゆるチンチン電車の路線に近い所でした。三ヶ月ほど前の空襲で焼け野原となった今は電車が通ることもなく、鉄路が横たわっているばかりです。

Ⅲ　証言・強制連行

『東和新聞』（東和新聞社）連載

（一九九〇年六月二十八日～九月二十日〔週刊〕）

流通科学大学での講演（2011 年 12 月 6 日）

畑からそのまま連行（1）

第二次大戦中、なんらかの形で韓半島から日本に強制連行されて来た人々は、七十二万人とも、また一説によれば百五十万人ともいわれている。そのうちの何人が虐殺《ぎゃくさつ》されたり、行方不明になったり、戦死したり、また病死したかなども全く解ってはいない。ただはっきりしていることは、強制連行は、日本が韓国に対して行った犯罪行為であることと、被連行者がそのために過酷な人生を強いられたということ、それに戦後四十五年にもなるというのに、日本政府はかれらに対して何の補償《ほしょう》もしていないということである。今号から、強制連行によって運命を翻弄《ほんろう》された人々の人生を連載で追ってゆく。

今年六十三歳になる李興燮さんは、現在は池田市豊島南という所の道路ぎわで金属屑商を営んでいる。現在はといったのは、これまで数えきれないほどの職業、おそらく百以上の職業に就いてきたからである。そうしなければ食べてゆけなかったからに他ならない。彼のいまの仕事は、いわゆる寄せ屋である。彼の職場には、毀《こわ》れたテレビや冷蔵庫、家具、バイク、自転車などが山積みされていた。

四十五年前の、しかしはっきりと憶《おぼ》えている悲しい思い出について語った。

李興燮はいまは北韓となっている黄海道谷山郡の農村に生まれた。母は彼が十三のとき亡くなったので、父と兄一人、妹と弟と五人で貧しいが平和に暮らしていた。当時の彼の名は慶州興燮といった。当時、すべての韓国人は氏名を日本式に変えさせられていたのである。いわゆる創氏改名だが、日本は彼らの土地を奪うだけではあきたらず、言語も宗教も、氏名さえも奪ったのである。

突然平和な日々が断ち切られたのは、昭和十九年の五月、慶州興燮が十七歳の春のことであった。

この日かれは父と二人で大豆畑で間引きをしていた。昼時のことであった。そこへ背広を着た二人の役人と軍服姿の二人の兵隊、それに一人の警察官が近づいて来た。そのうち役人の一人が畑の中まで入って来て、父に一通の茶封筒を渡した。父は黙ってそれを受け取り、中をあらためると、家に帰ろう、とかれにいった。かれには何が起こっているのか、さっぱり判らなかったが、封筒の中に入っていたのは、他ならぬ強制連行の徴用令状だったのである。

家に着くと、父はいつの間に作ってくれていたのか、一着の洋服を出してくれて、それに着替えろといった。かれが着替えていると、父はそそくさと一つの風呂敷包みをこさえて、かれに持たせた。昼飯時だったので、かれは昼飯を食いたかったのだが、父は日本人たちに追いたてられるままに、すぐにバス停に行かなければといった。日本人の役人、兵隊、警察官に連れられて、父とかれはバス停に向かった。その間、父は実に悲しそうな顔をしてかれを見ていた。父は何も語らなかったが、何が起こっているのか知っていたに違いない。

十五分ほど歩いてバス停まで行くと、父はそこに残り、かれだけがバスに乗せられた。バスの中には一人の日本人の役人が乗っていて、かれはその役人に引き渡された。バスの中から父を振り返ると、父は悲しげなまなざしでかれの方を見ていたが、それが父との永遠の別れとなってしまった。

バスが止まった所で汽車に乗せられた。汽車とはいっても、下にムシロを敷いてあるだけの貨物車だった。一つの車輛に五〜六十人が詰《つ》め込まれていた。座る場所を獲得するのに精いっぱいである。周りを見渡すと、かれより若く幼い顔をした者もいれば、白髪《しらが》まじりの者もいた。

後で解ったことだが、白髪まじりの人の場合、息子が連行されることになっていたが、その息子が逃げてしまったので、代わりに父親が連行されたのであった。本人が逃げた場合、父親や兄弟が代りに連行されるといったケースは多かったようだ。

各地から集められた人々は、誰もが押し黙って下を向いていた。車輛の扉を閉めてしまうと、中は真暗になるので、扉の近くの者がコブシが通るぐらいの隙間を開けていた。そこから三人ぐらいが、重なるようにして走り去る外の景色を見ていた。どこへ行くとも、全く報《し》らされていないこの列車こそ、まさに地獄行きの特急列車であった。

日本の戦争のために連れてきた（2）

不安に押し潰されて

李興燮さんたちを乗せて貨物列車は一晩中走り続けたが、着いたのは釜山《プサン》で、そこから船に乗せられた。農村育ちのかれは、客船を見るのは初めてであった。百人ほどのかれらの部隊はタタミの部屋に詰め込まれた。その部屋には、先に乗船していた、やはり百人ほどの韓国人がいたが、皆一様に白い民族衣装を着ていたのが印象的であった。それに誰もが不安からであろう、膝《ひざ》を縦に組んでしゃがみこみ、その膝の間に頭を入れて下を向いていた。皆同じ格好をしている様は異様であった。人の群れとは見えなかった。かれには鶴の群れのように見えた。が、いつの間にか同じような格好《かっこう》をしている自分に気づいた。どこの国に連れて行かれて、何をさせられるのだろうか。不安に押し潰《つぶ》されたように、皆同じ格好をしていた。

翌日の暮れなずむ頃、かれらの船はある大きな港に着いて、そこで降ろされた。後で知ったのだが、そこは下関港だった。下関港では、カモフラージュの施してある御影石製の立派な宮殿のような建物の中で、オニギリ二つを食べる間だけ休憩させてくれた。真っ白い三角形の珍しいオニギリだった。韓国のオニギリは丸いから、そこが韓国ではないことだけは判った。それにしても真っ白いオニギリが配られるなんて、よほど豊かな国に違いないと思った。かれの郷里では、真っ白い御飯が食べられるのは正月か盆など、年に二〜三回だけだった。百姓だから米は作っているのだが、家族の食べる分だけ残して、あとはすべて供出させられる。家族の分として残した分も、現金収入を得るために市場で売らなければやってゆけない。結局米を作りながら、めったに米は食べられなかった。

オニギリを食べ終わると、すぐに汽車に乗せられた。

汽車が着いたのは、ある炭坑の町だった。これも後になって判ったことだが、そこは佐賀県の徳《とく》須恵《すえ》という所にある住友炭坑であった。その炭坑の寮に落ち着くと、検査をするということで、全員の荷物が取り上げられた。かれの場合は風呂敷包み一つだったが、何も持たずに手ぶらで連行された人もいた。炭坑の寮は三棟ほどあったが、その周りは高い塀《へい》で囲われていた。塀の入口は一つで、入口の所には監視所があり、そこには五〜六人の男たちが常駐していた。寮の部屋は六畳敷の部屋だったが、そこに五〜六人ずつ詰め込まれた。

部屋に落ち着く間もなく、全員隣の徳須恵小学校のグランドに集合するよう命令があった。一部隊百名ほどが集合すると、演説がはじまった。頭の禿《は》げあがった背が高く恰幅《かっぷく》の良い日本人が韓国語で次のようなことをいった。

「ここは日本である。お前たちは日本の戦争のためにこの炭坑に連れてこられた。明日から仕事に就くが、お国のため身命を賭《と》して働くように」

地獄へまっしぐら

この演説で日本に連れて来られたことを、全員がはじめて知った。一瞬全員の表情がこわばった。演説が終わると、特別にということで映画を見せてもらえることになった。グラウンドにスクリーンを張っての野外鑑賞である。しかし日本語が分からないので、内容は理解できなかったし、憶《おぼ》えてもいない。ただその映画のなかに使われた「夕焼け」の曲だけはいまでも憶えている。

さて、映画が終わったとき一騒動があった。映画が終わると整列し、点呼が行われたが、そのとき五人いなくなっていることが判明したのである。映画の最中に脱走を謀《はか》ったらしい。それからは大騒ぎとなった。日本人の職員全員が出てきて、学校内外を隈《くま》なく探し回ったが、その間の約二時間、かれらはグラウンドに直立不動を命じられたのであった。結局脱走者は発見されなかった。

翌日から早速炭坑での仕事がはじまった。全員が班に分けられたが、小さな班は五～六人で、大きな班になると五～六十人だった。

慶州興燮は浦さんという日本人が班長を務める浦班に入れられた。六人ほどの小さな班であった。それにしても、初めて坑道に入ったときは恐ろしかった。何百米《メートル》かの地底に降ろされるのだが、むろん真暗闇である。地底までの急勾配《こうばい》の坑道をトロッコに乗せられて降りて行く。落とされるようなスピードだ。恐怖《きょうふ》にお尻が縮みあがって、パンパンに張ったようになった。坑道には、五十米《メートル》おきに裸電球が吊《つ》るされていたが、トロッコのスピードが速いため、その灯が鉄砲弾《だま》のように、こちらに飛んで来るように見えた。最初の日は恐怖のあまり、何を持っても手が震えてしようがなかった。石を持っても手が震えた。

浦班の仕事は、掘進夫《くつしんふ》に付いてボーリングをすることであった。炭脈を探すためのボーリングである。坑道の先端の下方や左右をボーリングして炭脈を探すことであった。かれらのボーリングによって炭脈が見つかると、掘進夫がその方向に坑道を掘り進めてゆく。

かれにとって不幸中の幸だったことは、浦さんというかれらの班長は、日本人としては珍しく人間的だったことである。道具の持ち方や使い方について、どうしたら最も楽にできるかなど教えてくれた。そんな仲間たちの仕事に較べて、かれらのボーリングの仕事が最も楽であった。仲間たちの仕事のなかで、最もつらい仕事は採炭夫の仕事だった。地底はものすごく暑いので、全員がフンドシ一枚だったが、全身にすぐに汗が噴き出してきて、その汗に炭塵《たんじん》が付き、全身が真っ黒になるばかりか、内臓まで炭塵を吸い込んで真っ黒だった。坑道の高さは一《メートル》二十《センチ》ほどしかないので、採炭夫は横になってツルハシを振らなければならない。坑道が狭いため、両刃のツルハシでは不自由なので、片刃のツルハシが使われた。炭脈は十《センチ》か二十《センチ》ぐらいの厚さしかないので、それに向かって横になってツルハシを振った。採炭夫はむろん全員が強制連行されて来た韓国人であった。

脱走だけを考える（3）

凄絶《せいぜつ》なリンチ

仕事は朝の七時から晩方の五時までだった。坑内で五時に終わるのだが、それから体の汚れを落として地上に上って来ると六時ぐらいになる。それから風呂に入って七時までに晩めしをすませる。八時には消灯、就寝である。八時になると、日本人の職員がツルハシの柄で廊下をバンバン叩《たた》きながら、

「消灯！　就寝！　消灯！　就寝！」

と怒鳴って回る。その前にかれは寮の前の水道の所へ行って腹一杯水を飲むことにしていた。食事が粗末《そまつ》なために、七時に食べても八時には腹がへってしまって眠れないからであった。下関港で白いオニギリを二つもらったときには、これは美味《おい》しいものを食わしてくれる豊かな国に連れて来られたと思ったものだが、美味《おい》しい食事はそのオニギリ二つが最後であった。かれらの炭坑での主食は大豆カスとトウモロコシをたいたもので、中に米つぶが数えられるぐらい浮いているものだった。朝はそれに味噌汁とタクアン二切れがつくだけだった。晩メシには魚が出ることがあったが、それもすべて塩漬けにされたもので、生の魚を料理したものなど出たためしがなかった。とにかく、いつも腹をへらしていた。一度でいいから腹一杯食べてみたいとばかり思っていた。

炭坑に来てから一週ぐらいたったころ、また事件が起こった。炭坑に着いた夜の映画の最中に脱走した者の一人が捕らえられたのである。その男は、晩メシが終わったころ寮の屋敷内に連れて来られ、全員の目の前で見せしめのためのリンチが行われた。生ゴム製の堅い棒で力まかせに撲《なぐ》るのである。一撃が加えられると、「ギャー」とうめいてのけぞった。その男は「許してくれ」と手を合わせて哀願《あいがん》したが、容赦《ようしゃ》なく打ちすえられた。やがて気を失ったが、すると水をぶっかけて気づかせ、また撲り続けて、動かなくなるまで撲った。正視できないほど残酷《ざんこく》なリンチで、見ていた全員が震えあがった。この場合は見せしめのリンチだったが、その後、密《ひそ》かに行われているリンチも多いということを仲間から聞いた。リンチで殺してしまった場合、密かに埋めてしまうと聞いた。内密に処理される落盤事故もあったらしい。公表されるか内密《ないみつ》にされるかは、班長の判断によるとも聞いた。そういえば、ある日突然姿が見えなくなった人間も何人かいた。人間的な浦さんの班に入れられて本当によかったと、つくづく思ったものだった。

キサマは非国民だ

が、そのリンチ事件の直後、かれにとって大変危険なことが起こった。その日かれは事務所に呼び出された。行ってみると、連行されて来たとき、検査をするからといって取りあげられた風呂敷《ふろしき》包みが枕の上におかれている。そして係官が幅の広い銀の指輪をつまみあげ、かれの方に示していった。

「これはお前のものか！」

「はい、そうです」

かれはその銀の指輪に見覚えがあった。確かに四年前に亡くなった母がしていたものである。

「どうしてこんな物を隠し持っているんだ！」

韓国語のできる日本人の職員がかれを問いつめる。

「隠していたわけではありません。なんで入っていたかも分かりません」

日本人職員の説明するところによると、その銀の指輪はかれの風呂敷包みの荷物の中の米の粉の中から出てきたという。当時かれの故郷では、長旅に出るときの餞別《せんべつ》はおよそ米の粉と決まっていた。また餞別として持たせるものも、米の粉ぐらいしかなかった。米の粉は水に溶かすだけで飲める非常食なので、いざというときのために持たせたのであった。かれはその指輪が米の粉の中から出てきたと聞いたとき、それは父が入れておいてくれたに違いないと咄嗟《とっさ》に分かった。だが、とり合えず分かりませんと答えたのであった。日本人職員は怒りはじめた。

「分かりませんだと！　分からんはずないだろう。本当のことをいえっ！」

かれは怖《こわ》くなってきた。脱走を図った仲間に加えられた凄絶《せいぜつ》なリンチを思い出したからである。

「父が入れてくれたのだと思います」

かれはかろうじてそう答えた。その点については、日本人職員も納得したようだったので、かれもホッとした。が、次の叱責《しっせき》が続いた。

「キサマ、この非常時を何と心得ているのか！」

その言葉に続いて、日本人職員は、次のようなことを三十分ぐらいかけてクドクドとお説教しはじめた。

今日本は決戦に備えて非常時を迎えている。日本全国民は勝利のために、カネ目のものは、指輪であろうとナベ、カマであろうと、すべてお国のために供出している。その非常時にあって日本国民であるお前が、高価な銀の指輪を隠し持っているなど不届き千万である、といったようなことであった。

かれはただ黙ってうなだれて聞いている以外になかった。そして日本人職員の最後の言葉に震えあがった。日本人職員はかれの頭の上から怒鳴りつけた。

「貴様は非国民だ！」

当時、少しでも戦争に協力的でない者がいると、日本人でも「非国民」という烙印《らくいん》が捺《お》された。そしてひどいのけ者にされた。日本人でも、その烙印を捺されることをひどく恐れていた。だが、この炭坑の中でこの烙印を捺されることと、外で捺されるのとでは、その恐ろしさは全く異なっていた。その炭坑の中で「非国民」の烙印を捺されることは、いつ、あの怖ろしいリンチが加えられるかも分からないということを意味する。そればかりではない。その炭坑では一ヵ月無欠勤で働くと、翌月一日だけ休日がもらえて外出が許されるという、実にささやかな恩典《おんてん》が与えられた。「非国民」扱いされると、そのささやかな恩典すらも取りあげられるのであった。要は犯罪人扱いされるのと同じであった。日本人職員は、かれの名簿の上に、バーンと赤い「非国民」の印を捺した。かれは背筋が寒くなった。そしてそのときから、かれは脱走することだけを考えるようになった。

元旦の決死の脱走（4）

ワラバン紙にオコゲを包んでくれた女性

「非国民」という烙印を捺され、いつリンチを加えられるかという恐怖に怯《おび》える地獄の日々のなかにも、暗闇《くらやみ》の中に一条の光を見出したような出来事もあった。

かれらは食事のとき、食堂への通路の壁に吊《つ》るしてある自分の番号の書かれた長さ十《セン》《チ》ほどの木の札（炭坑では名前は消されすべて番号）を取る。そしてそれを食堂の食事を受け取る小さな窓口に出すと、食事を手にすることができるのであった。むろんそのときにも監視員が横に立っている。ある朝かれが自分の番号札を差し出したところ、食事と共にワラバン紙をまるめたものが出てきた。見るとそれを出してくれたのは可愛《かわい》い日本女性だった。横に監視員が見張っているので、かれは訳も判らないままにそのワラバン紙のまるめたものを急いで脇の下に隠し、次にフンドシの中に隠してしまった。それを炭坑の中に入って開いてみると、その中にはなんとオコゲが隠されていたのであった。いつも腹をへらしているかれは本当に嬉《うれ》しかった。またそれをくれたのが、見ず知らずの可愛い日本人の娘であることも、かれを有頂天《うちょうてん》にさせた。かれは朝食のときに、昼の弁当も渡される。しかしその昼食の弁当は、炭坑に下りるとすぐに食べてしまっていた。朝食があまりにもお粗末《そまつ》で腹がへってしようがないので、そうしていたのである。したがって昼は抜きで、昼寝をしていた。その朝、そのオコゲは五人の仲間で分けて食べた。オコゲ入りのワラバン紙は三日ほど続いた。かれには恋心がめばえた。確か三日目のときであった。その娘が朝食と共にワラバン紙を差し出したとき、調理場の誰かが「トキちゃん」と呼んだ。するとその娘が「ハイ」と答えた。それでその娘の名はトキちゃんということが判ったのである。後になってその話を班長の浦さんに話したところ、「あれ、調理場で働いているトキ子ならワタシの娘ですよ」ということであった。浦さん一家は全員その住友炭坑で働いていたのである。そのトキちゃんから、かれは四十数年後に手紙をもらうことになる。

脱走、そして逮捕

「非国民」という汚名を着せられてしまった限り、一日も休まずガムシャラに働く以外になかった。李興燮さんは五月から十二月まで、一日も休まずに働き通した。そしてその間、逃げることばかりを考えていた。八ヶ月間、一日も休まずに働けば、ことによったら正月に一日ぐらい休みをもらえるかもしれない。脱走するならその時以外にない。かれはそう計算し、それに賭《か》けることにした。そしてその準備を進めた。この炭坑から逃げ出したにしても、炭坑しか知らないのだから、西も東も分からなかった。ならばまず地図を手に入れる必要がある。非常に危険だが、かれは浦さんに日本地図を一枚くださいと頼んでみることにした。浦さんの人間性に賭《か》ける訳だ。賭けは成功した。浦さんは快くかれの頼みに応じて地図を一枚炭坑まで持ってきてくれた。それも日本地図ではなく、佐賀県の地図だった。それをかれに渡してくれるとき、浦さんは次のような説明をつけ加えた。

「ここを出て南へ行くと伊万里という港があり、北へ行くと唐津という港がある。両方とも、そこは男の遊ぶ所だ」

今にして思えば、浦さんはかれから地図を頼まれたとき、すでにかれの脱走計画に気づいていたとしか考えられない。日本地図を頼んだのに、それより詳しい佐賀県の地図を持ってきてくれて、そんな説明をつけ加えるなんて、脱走に感づいて、それを手助けしてくれたとしか考えられない。浦さんはかれにとって正に恩人だった。

脱走計画は金さんというかれより三〜四歳年上の信頼のおける友人と練った。正月にもし外出が許されたにしても、荷物など持って出たら怪《あやし》まれるに決まっている。だから手ぶらで出なくてはならない。しかし脱走に成功したとしても、文《もん》なしではどうにもならない。そこでかれは、有り金のすべてをフンドシの中に縫《ぬ》い込んだ。金は百三十円ほどあった。郷里を出るときに父が持たせてくれた七十円に炭坑に来てからもらった給料をすべて貯《た》めたものだった。「慶州君は八ヶ月間一日も休まず働いたから、正月ぐらい休ませてやってください」という浦さんの口添えもあって、かれは正月に一日だけ休みをとれることになった。いよいよ脱走するときがきた。

昭和二十年の元旦、かれと金さんの二人は朝九時に炭坑の寮を出た。炭坑の引き込み線の駅の前からバスが出ているので、そのバスに乗ることにした。ところが駅に近づいてみると、駅付近には憲兵が何人かウロウロしていて危なくてしようがない。憲兵に誰何《すいか》でもされようものなら、一巻の終わりである。かれら二人は駅から三百《メートル》ぐらい離れたところから憲兵の影が見えなくなる機会を辛抱《しんぼう》づよく待ち、バスを何台もやり過ごした。憲兵がいなくなりやっとバスに乗れたときには、辺《あた》りはすでに薄暗くなり、雨が降りだしていた。

バスが唐津港に着いたときは、すでに夜であった。西も東も全く分からない二人は、あてもなく海のかおりのする方へ歩いて行った。真暗な炭坑しか知らないかれにとって、海のかおりは限りなく懐《なつ》かしかった。が、歩いていると突然真正面から投光機で照らされた。まぶしくて何も見えない。

「動くな！　誰だ、キサマら」

そう怒鳴《どな》られて二人が後ずさりすると、前後左右から四〜五本の銃剣が突きつけられた。見ると、海軍の兵隊らしい。二人は恐怖《きょうふ》に震《ふる》えあがった。

逃走中めぐり逢う同胞・逆境に芽生える連帯感（5）

少しでも動いたら殺される。かれはそう思った。命令されるままについて行くと、土俵のような台の上にドッカと腰かけている偉い軍人の前に連れて行かれた。そこで銃剣《じゅうけん》を突きつけられたまま、全身の身体検査をされた。股間《こかん》まで調べられた。それから、どこから来てどこへ行くのか、何をしていたのかなど聞かれた。かれらはまだ日本語が分からないので、充分な取り調べにはならなかったはずだ。調べた兵は、その結果を中央に腰かけている偉い軍人に報告した。その軍人からどういう命令が下されるか、かれらは不安に怯《おび》えながらその軍人の口元を見つめていた。するとその軍人は一枚のメモを書いて兵に渡した。兵がそれをかれらのところに持って来た。見るとそのメモは地図であった。兵はその地図に示した所へ行け、とかれらにいった。これも後になって解ったことだが、かれらが取り調べられた所は海軍の衛兵所で、かれらが行くべく地図に示された所は、唐津の軍港内にある海軍専用の大島という飯場であった。炭坑から逃げて、つかまった先が海軍だったということは幸いだった。ある炭坑から逃げて他の炭坑にもぐり込んだりしたら、必ず元の炭坑に連れ戻されて、ひどいリンチを加えられることになる。海軍など、軍につかまった場合には、炭坑側は返してくれということはできない。軍と民間との間には、歴然とした線が引かれていた。かれらは幸運であった。

地図に示された大島という所に行くには橋を一つ渡らなければならなかった。その橋を渡りかけたときである。前方から五〜六人の男たちがやって来た。かれら二人はとっさに橋の下に隠れた。とにかく人に会うのが恐ろしかったからだ。かれが息をひそめていると、男たちが頭の上を通って行った。ところが男たちが声高に話している言葉は、なんと韓国語ではないか。かれは金さんはどうするかと見ていたが、金さんは動こうともしない。そこでかれは思い切って橋の上に飛び出した。

「助けてください」

悲壮《ひそう》な思いでかれはそういった。

「なんじゃお前は」

リーダー格の背の高い男がそう聞いたので、かれは炭坑から逃げて来た経過を説明した。するとお前一人だけかと聞かれたので、実はもう一人橋の下に隠れているというと、呼べというので、金さんに出てくるようにいった。金さんも怯《おび》えた表情で出て来ると、とにかくついて来い、とリーダー格の男がいった。そのときかれは白い服を着ていたが、それは目立つからと、土方用のハンテンを貸してくれた。真冬で雨も降りだしていたので寒いし、本当にこれで助かったと思った。

男たちについて行くと、行き先は何と芝居小屋ではないか。男たちは芝居を見に行く途中だったのである。全員が韓国人で、リーダー格の男は山本さんと呼ばれていた。それから後は驚きの連続であった。男たちは小屋につくと、氷枕を一つ取り出し、それから何かをコップに注ぐと回し飲みをはじめた。かれの所にも回ってきて、飲めといわれたので飲んでみると、それは何とドブロクであった。ドブロクをあおると、足元から温まってきて、やっと安堵感《あんどかん》に包まれた。かれは日本の芝居を見ることはむろんはじめてだったが、出しものはコントのようで、見物人の間からは笑い声が絶えなかった。それにしても、かれらがいた炭坑の粗末な食事に較《くら》べて、ドブロクが飲めるなんて、何と贅沢《ぜいたく》なことかと思ったものであった。芝居がはねると、男たちの飯場に連れて行かれた。そこは海軍の軍人から地図に示された飯場であった。飯場につくと、飯場の大将らしい人に、リーダーの山本さんがいった。

「若いピチピチしたのを二人拾ってきましたぜ」

すると大将らしい人がかれらの顔を見てからいった。

「何か食わしてやれ」

芝居から帰った五～六人の男たちは、見ると真っ白いゴハンを丼《どんぶり》に山盛りにして食べていた。オカズも食べ放題だった。二人は唖然《あぜん》とし、思わず、立ちどまってしまった。すると大将の奥さんらしい人が、

「あんたらもこっちへ来て勝手に食べなさい」

といってくれた。

かれは真っ白いゴハンをドンブリに山盛りにして食べはじめた。半分ぐらいまで無我夢中で食べた。が、半分ほど食べて落ちつきをとり戻したとき、急に残してきた仲間たちのことを思い出した。かれらの部屋は五人で使っていたが、脱走したのは金さんとかれだけだった。脱走することは、五人全員で話し合った。しかしなかの一人は年もとっているので、足手まといになったら悪いからと、脱走計画から降りてしまった。他の二人も何らかの理由で残り、結局脱走したのはかれら二人だけだった。そんな経緯だったので、二人が脱走することを、他の三人は当然知っている。しかし誰一人としてそれを日本人に密告するようなことはしない。同室の者の間にはたとえ半年一緒に労苦を共にしただけでも、それだけ強い連帯意識が芽ばえていた。

食べながらかれは、こんなゴハンを仲間たちにも食べさせてやりたいな、と思った。思わず涙があふれた。

するとそれを見てある男がかれに聞いた。

「お前なんで泣いているんだ」

「いえ、こんな白米のメシなんて本当に久し振りだものですから嬉しくて」

かれはそう答えて、その場を取りつくろった。

厳冬下の陸揚げ作業・暗闇《くらやみ》の海中に転げ落ち（6）

二人が拾われた海軍専属の飯場を取り仕切っている長は安山《やすやま》さんと呼ばれる韓国人であった。大邱《テーグ》の達城郡出身の人である。かれらは安山さんのことをオヤジと呼んでいた。

昭和二十年の元旦に迷い込み、二日、三日と正月休みで、四日から仕事がはじまった。最初の朝の仕事は船で支那（いまの中国）から運ばれてきた大豆の袋を陸あげすることであった。一袋およそ六十キログラムである。船と陸との間には、幅三十センチ、長さ十メートルほどの歩み板といわれる板が渡されている。かれらは六十キログラムの大豆の袋を肩にかついで、その歩み板を渡って陸あげする。ところがその板は、人一人乗るだけで下にたわむばかりでなく、歩くと上下に揺れる。なれた連中は板の上下の揺れに合わせて調子をとりながら、小走りに渡っていた。李さんははじめは船までたどり着くのがやっとだったが、その日は歩み板を渡る練習だけして、大豆の袋は担《かつ》がなかった。正月の四日ということで、その日の作業は半日で切りあげられた。

翌日からは一人前の仕事がしたくて、かれも袋を担ぐことにした。一人では肩に担ぎあげられないので、仲間に頼んで肩に担がせてもらった。そしてソロリ、ソロリと歩み板の中央あたりまで来た。見ると板は一メートルほども下にたわんでいる。「これは危ない」と思った瞬間であった。かれは袋もろとも真冬の海に落っこちてしまった。袋は泡《あわ》を出しながら沈んでしまった。かれは仲間が投げてくれたロープにすがって、なんとか助けられた。が、寒さには閉口した。震えていると仲間たちが焚火《たきび》をしてくれた。かれが海に落ちたために、その日の仕事は、そのときまでで切りあげることになった。

翌日から、かれは陸あげの仕事からはずされた。代わりに与えられた仕事は、いつどんな荷物を、何人でいくつ陸あげしたかを記録する「帳づけ」の仕事であった。要は一人前扱いしてもらえなかったのである。

それにしても、日本の海軍とは不思議なところであった。世間はどこも食糧不足にあえいでいるというのに、安山さんの飯場では米が余っていて、存分に食べられるばかりか、余った米をドブロクにして飲んでいる。次第に分かってきたことだが、そのカラクリは、どうやら米の配給通帳にあるようであった。安山さんの飯場の人夫は十数名にすぎなかったが、安山さんは米の配給通帳を、どうやら三十名分ぐらい持っているようである。それが分かったのは安山さんから次のようにいわれたときであった。

「お前は今日から名前は金村、歳は十九歳だ。どこへ行っても、誰から聞かれてもそれで通せ」

要は架空の人数がいることにして、その人数分だけの米の通帳を確保しているのだ。そんなことができるのも、海軍軍属の飯場だからできるのだと聞かされた。それにしても、安山さんはしたたかで、たくましい人である。

米とともに、砂糖も当時は統制品で、薬か宝物扱いされていた。ところがその砂糖ですら、かれらは実に粗末に扱ったものだった。砂糖を積んだ船が港に着く。見ると砂糖は袋に詰められておらず、無造作に船室の床に山積みにされている。かれらはそれを竹で編んだカゴにすくい入れて運び、倉庫の床に山積みするのだった。ところが寒い季節だったので鼻水が出る。するとかれらは手鼻をかむ。その鼻水が砂糖の上に落ちて砂糖は塊《かたまり》になったが、その鼻水まじりの砂糖をそのまま倉庫にぶちまけるのであった。とにかく海軍は物資が豊富であった。

昭和二十年の三月になると、安山さんの飯場の唐津港での仕事が終わったので、飯場ごと福岡県の津屋崎に移ることになった。一台のトラックに荷物を積み込み、十数人の人夫たちは、その荷物の間に入って、上からシートをかぶして移動した。三時間ほどかかったが、真冬のことで、すごく寒かったのを憶《おぼ》えている。

津屋崎に着いてみると、かれらと同じくらいの人数を抱えた飯場が四つほどあった。後で分かったことだが、どの飯場の人夫も、強制連行されてきた先から逃げ出した人たちばかりであった。同じ立場の者同士なので、すぐに強い連帯感が生まれた。その連帯感ゆえにできた密かな楽しみもあった。牛の密殺である。親方から金をもらうなり、自分たちで出し合うなどして、農家から牛を一頭買ってくる。それを山の中に連れて行って木につなぎ、鉄のハンマーでミケンを一撃する。うまく当たると牛は一撃でコロッと死ぬが、当たりどころが悪いと猛烈に暴れ出したものである。牛はその場で解体して、骨や内臓はその場に捨てて、肉だけ分けて持ち帰った。それから二～三日間は肉ばかり食っていた。

津屋崎の飯場の家は、屋根も床もすべて竹でできていた。壁はワラを縄でしばって束ねたもので作られていた。

ところでトイレは共用になっていた。その共同トイレまで、近い飯場からは七～八メートルだったが、かれらの飯場からは遠く二十メートルほどもあった。寒い夜など、トイレまで行くのは実にめんどくさかった。困れば誰かが知恵を出すものだ。誰かが二メートルほどの竹を切ってきて、その節を抜いてワラの壁に通した。その竹の端を通して用を足したのである。

志願兵拒否で非国民に・決戦に備える塹壕《ざんごう》造り（7）

津屋崎での仕事は飛行場造りだった。山をけずって土砂を取り、それをトロッコで運んで敷きつめてゆく仕事だった。一日の仕事量が決められていて、それをしてしまったら午後の三時ぐらいで終わってしまうこともあった。

津屋崎へ来て間もない頃だった。東京が大空襲を受けたという噂《うわさ》が伝わった。金本さんこと金さんとそのことについて話したとき、首都東京が空襲されるようでは、日本中の主要都市が空襲でやられるのはいずれ間近いにちがいない、ということになった。この津屋崎にいては危ない、ということになった。そこで金本さんと二人でオヤジの安山さんに相談してみた。すると安山さんは理解してくれて、

「じゃ旅に出るつもりで思ったようにやってみなさい」

といってくれた。その時安山さんは、

「お前は名は金村、歳は十九歳だということを忘れるなよ」

とかれに念を押した。

金本さんと二人で次に行った所は、金本さんが仲間から聞いていた福岡の多々良《たたら》という所であった。一日歩いたら行けた。多々良の飯場のオヤジは星山さんという韓国人だったが、そこでの仕事は防空壕掘りであった。それも国の防空壕だと聞いた。これも後になって分かったことだが、日本はグァム、サイパンを失って本土が空襲されるようになったころから、本土決戦に備えるために、日本各地に防空壕を掘っていた。多々良の防空壕は山の斜面に掘っていたが、十メートルぐらいの長さで、高さは人間一人が立って通れるぐらいあった。

多々良へ来てから一週間後、軍の命令で青年学校へ行かされることになった。働かなくてもよいから、青年学校へ行けとのことである。かれは安山さんの所で米の通帳のために年を二歳上にされていたので、実際より二年早く青年学校へ行かされる年齢に達していたのであった。

青年学校では、もっぱら軍事訓練ばかりが行われた。兵隊としてすぐに役に立つ教育が行われていた。日本語が不自由なので、軍人勅諭《ぐんじんちょくゆ》と教育勅語《きょういくちょくご》を憶《おぼ》えさせられることには閉口した。間違うと軍刀の鞘《さや》で股間《こかん》を突かれたが、これは気を失うほど痛かった。多々良での何よりの不安、いつ戦争に引っ張られるかということであった。青年学校には四十日間行かされた。その卒業の日のことであった。一人ずつ部屋に呼ばれた。行くと教官がいて言った。

「キサマも志願するんだな」

有無をいわさぬ強圧的ないい方であった。要は志願兵となって戦地へ行けということである。かれは絶対に志願などするものかと思った。何で日本の戦争のために戦場へ行かなければならないのか。日本が戦争に勝とうが負けようが、自分には関係ないと思った。かれは答えた。

「行けません」

「なんだと、もういっぺんいってみろ！」

「行けません、私はもっと勉強したいことが沢山《たくさん》あります」

「バカモン！」

大声で怒鳴《どな》られた。

「いま日本は戦争していることを知らないのか。大君のために命を捨てる機会を与えてやるというのに、キサマはそれを拒否《きょひ》するのか！」

「私は行けません」

かれは重ねて拒否した。すると軍人の教官は捨て台詞を吐いた。

「バカモン！　キサマのような非国民はトウフに首を突っ込んで死んじまえ、出てけ！」

かれはこれで救われたと思った。バカモンでけっこう。非国民でけっこう。誰が日本の戦争に協力なんかするものかと思った。

とまれ、志願兵となることを免れ、一枚の青年学校の卒業証書がかれの手に残った。その晩その卒業証書を枕元に置いて考えた。年を二歳いつわっているから、来年は二十歳とされて、徴兵年齢に達し、来年は間違いなく兵隊にとられる。どこへ行っても志願の問題がつきまとうに違いない。そう思うと、いても立ってもいられない思いにかられた。そしてその晩、多々良から出て行く決心をした。今度だけはオヤジにも相談できない逃亡である。

翌朝、誰も起きていない早朝に起きて、腹一杯メシを食べ、またフトンに潜《もぐ》り込み、寝た振りをしていた。皆が起きる時間になっても、かれ一人だけで寝ているので、オヤジが心配して

「お前どうした」

といった。かれはフトンをかぶったまま、

「朝メシ食ったら腹が痛くなりました。今日は仕事に出られそうにありません」

といった。するとオヤジは

「じゃ今日は寝とれ」

といってくれた。皆が仕事に出払うと、かれは起き上がって、オヤジの奥さんに見つからないように気をつけながら飯場を出た。例の卒業証書を一枚持っただけで、むろん着のみ着のままだった。卒業証書だけは持って出たのは、二度と青年学校へ行かされないようにするためである。むろん給料ももらえなかった。当時の飯場では十五日毎《ごと》に給料を受け取ったが、十五日働いた分は、次の十五日働いた後で支払われることになっていたので、都合三十日分の給料をフイにしての逃亡であった。

逃亡先の飯場に潜《もぐ》り徴兵の追跡を避け回る（8）

逃げ出しはしたものの、西も東も分からない。かれはあてもなく海岸沿いの道を西へ西へと歩いて行った。海岸沿いの道を選んだのは、海の向こうには祖国がある、という思いにとらわれていたからである。一時間ほども歩いて松林にさしかかったころ、どこからともなく読経の声が聞こえてきた。かれは知らぬ間にその声のする方へ向かっていた。声の主は老婆であった。老婆は数《メー》トルあろうかと思われる巨大な修業僧の立像の周りを、一心不乱にお経を唱えながら回っていた。手には数珠を持ち、それを両手でもみくだくようにしていた。それだけでも一種異様な光景だったが、その光景をさらに異様にしていたのは、その立像の台座の端に腰かけていた子供だった。歳の頃は五〜六歳に見えたが、栄養失調のためだろう、ひどく痩《や》せ細って、目は落ち凹《くぼ》んでいた。その目は虚脱《きょだつ》したように虚《うつ》ろであった。パンツをはいただけで上半身は裸だったが、男の子か女の子かすら分からなかった。何日間も何も食べていないような風情《ふぜい》だった。にもかかわらず、孫らしきその子を無視して、老婆は一心不乱にお経を唱えながら立像の周りを回っていた。その頃の李さんにとっては、すべての日本人は仇《かたき》にしか見えなかったが、かれはその子が可愛想《かわいそう》でならなかった。腹を減らす苦しみをかれも知っていたからである。かれはその子に何か食べ物をあげたかった。しかしかれも食べ物など何も持ってはいない。なんとかしてあげたいけど、どうしようもない。が、そのとき、かれは子供の頃、甘い物欲しさに松の若い芽をかんだことを思い出した。若葉の季節の松の木はたっぷりと樹液を含んでいる。その松も若い木の枝の先の新芽は、はじめかんだときには少し渋いが、よくかむと甘い。それを思い出して、かれはその松の芽を二本探してきた。かれはその一本を、まず自分がかんで見せた。幼い頃の思い出の甘さが口一杯にひろがった。その子はかれのすることをじっと見つめていたが、かれがもう一本をその子に与えると、その子はかれの真似《まね》をして松の芽をかんだ。そして虚ろな目に笑いを浮かべた、それを見てかれは心底嬉しかった。可愛相《かわいそう》な幼子《おさなご》を目の前にしたときは韓国人も日本人もなかった。かれはその一瞬《いっしゅん》、日本人に対する怨念《おんねん》を全く忘れていた。

かれとしては先を急ぐ逃避行だった。幼児のことは気になったが、さらに西へ歩き続けると、昼ぐらいに博多市内を通りぬけ、さらに西へと歩き続けた。日が西に傾いた頃、田んぼで一人のお婆さんに出会った。目が会ったので、頭を下げたついでに、かれはそのお婆さんに手真似《てまね》でどこか働く所はないかと聞いてみた。するとお婆さんは手真似である所を教えてくれたのである。かれが教えられたとおりに行ってみると、そこも飛行場であった。ただし飛行機などは一機もなく、舗装《ほそう》もされていなかった。ただ地面を平らにしただけの飛行場だった。これも後になって分かったのだがそこは、現在の福岡空港で、当時は板付飛行場といっていた。見ると飛行場の端に三軒の飯場があったので、かれはその一軒を訪ね、働かせてほしいと頼んでみた。するとその飯場の平山さんというボスは快《こころよ》く迎えてくれた。当時はどこも人手不足で、人夫を求めていたからである。この平山さんからも、かれは大変好意を受けたが、考えてみると、かれが日本へ連れて来られて以来、世話になった韓国人の日本名は安山、山本、星山、平山と、すべて山がついていたものだ。

平山さんの飯場での仕事は飛行場の地面のデコボコを平らにすることと、草刈りなどであった。舗装してないので、雨が降ると滑走路にはすぐに凹《くぼ》みができたのである。

平山さんの飯場に来て一週間ほどたった頃、またかれが恐れていたことが起こった。福岡市役所が青年学校に入るべき年齢に達している者の調査に来たのである。そのときは青年学校の卒業証書を見せたのでその場はすんだ。しかしかれは絶対に兵隊には行きたくないと思っていたので、その晩かれはそのことについて平山さんに相談した。平山さんも心配してくれて、ここにいたら、いずれ兵隊に引っ張られるから、すぐ他所へ移った方がいいといってくれた。次々に居所を変えれば、役所も分からなくなってしまうに違いないということだ。その相談をしたときに分かったことだが、平山さんにもかれと同じ歳の息子がいて、その息子も兵隊に取られるのを嫌《いや》がった。そこで平山さんは息子を隠すため、滋賀県の友人の所に預けたとのことであった。

他所《よそ》へ移るなら早い方が良いということになって、平山さんは友人の飯場を紹介してやるから、明日にでも発ちなさい、ということになった。翌朝、朝五時に平山さんの奥さんに起こされた。平山夫婦は餞別に大変な御馳走《ごちそう》をふるまってくれ、かれを送り出してくれた。

平山さんの紹介で行った先は、福岡県の甘木《あまぎ》にある飯場であった。

帰還の道閉ざす無責任に敗戦と同時に置き去り（9）

甘木には飯場が三つあって、三十人ぐらいが働いていた。仕事は防空壕掘りであった。五〜六人が一組になって一つの防空壕を掘っていった。だがかれは、防空壕掘りはしなくてすんだ。大切な友人の紹介で来た者だからと、かれは記録係に回された。出勤した者と掘り進んだ壕の長さを記録するだけの仕事で、大変楽であった。

甘木の飯場に移って一週間ほどたった頃、確か七月の二十日前後のことであった。突然空襲警報が鳴って爆撃《ばくげき》が始まった。狙《ねら》われたのは甘木の飛行場であった。かれらは仕事を終えていたので無事だったが、もの凄《すご》い爆撃であった。飯場の前の高台の広場から見ていたが、甘木の飛行場を含む下界は一面火の海と化していた。数えきれないほどの戦闘機のような飛行機が、急降下をしては爆弾を落としていたから、艦載機《かんさいき》による爆撃のようであった。後にも先にも、戦争というものを目撃したのはこのときだけであった。

この空襲の一ヵ月ぐらい後の八月十四日のことであった。飯場のオヤジの国本さんが

「明日十五日は仕事に出ないでいいから、飯場で待機しているように」

といってきた。軍からの伝令が来て

「明日、重大なラジオ放送があるから全員集まって聴くように」

といってきたという。

八月十五日は暑い日だった。朝の十時ごろ軍の者が来て飯場の前の広場に集められた。連行されて来た者とその家族合わせて、百五十人ぐらいいた。広場は赤土だったが、その上にムシロを敷いて座り、二時間も炎天下で待たされた。広場の端にはミカン箱が三つ置かれ、その上に長椅子が置かれていた。正午近くになって、その台の上に軍刀を吊《つ》った軍人が立ち、

「これから玉音放送があるから謹《つつし》んで聴くように」

というようなことをいった。その軍人の軍刀の鞘《さや》の柄《がら》がニシキヘビのようだったことが印象に残っ

ている。

玉音放送が始まった。その頃かれは日本語を聞くことはできるようになっていたが、ラジオはピーピーガーガーいうだけで、何をいっているのかさっぱり分からなかった。ただ「チン」という言葉が一度ならず出てきたので、青年学校で教えられた「チン」という日本の神様が何かいっているのだな、ということは分かった。玉音放送が終わると、先ほどの軍人が目を真赤にして、袖《そで》で涙を拭《ふ》きながら再び台の上に立ち、次のようなことをいった。

「戦争は終わった。お前たちの仕事も今日で終わった。これからはお前たちとはいっさい関係ない。大日本帝国は今日ただいま、お前たちに自由を許した！」

居合わせた誰一人として、その意味を理解できなかった。日本が戦争に負け、自分たちは解放されたなどといったことを理解できた者は一人もいなかった。自由を許すという意味すら分からなかった。その夜皆で集まって話したが、それでも事態を正確に理解できている者は一人もいなかった。夜が明けるまで話し続けたが、「関係ないといわれたが、これからどうしたらいいのか」そんなことばかり話し合っていた。農村から突然連れて来られた者ばかりで、知識もなければ、社会も知らない者ばかりであった。

二〜三日同じようなことばかり話し合っていたが、そのうちに、自由になったのだから祖国へ帰れるはずだということになった。博多港に行けば連絡船があるはずだということで、八月二十日頃から博多へ向う者が出始めた。そして八月末にはほとんどの人が博多へ行ってしまった。だがかれは、本当に博多から連絡船が出ているのか分からないので、最後まで迷った。そして結局博多に行ったけれども帰る機会を失った。

かれのように祖国へ帰る機会を失った者はかなり多かった。その点について、かれにはどうしても納得のゆかないことがある。それは日本政府の当時のかれらに対する対応である。日本政府は「自由を許す」といったきりで、後はかれらをすっぽかした。祖国へ帰れるのか、どこから連絡船が出るかなど、順序よく帰国できるようにして当たりまえだが、そうした連絡はいっさいなかった。実に無責任であった。そしてその無責任はいまに至るまで続いている。日本は経済大国といわれながら、強制連行に対する何の補償《ほしょう》もしようとはしない。

李さんは強制連行された体験を一冊の本にまとめた。『アボジがこえた海』という本である。それ以来、学校などで自分の体験を話す機会が多くなった。かれは生徒たちに自分の体験を話した後、感想文を書いてもらうことにしている。その生徒たちの感想文に共通する点があることにかれは気がついた。それは生徒たちが、日本は原爆を落とされて戦争に負けた被害者であるという点だけ知っていて、同時に大変な加害者であった点を全く知っていないということである。そういう教育しか行われていないからに違いない。これは大変な問題だとかれは思う。教育を間違えば、その国は再び狂ってしまうからにほかならない。

Ⅳ　今、歴史の真実を静かに語る
強制連行した人とされた人
（一九九〇年七月二十七日　法円坂会館）

店舗兼仕事場にて（2011年6月13日）

朝鮮人強制連行者の名簿について五月二十八日、参院予算院で中山外相が「政府として調査し報告したい」と公式に答弁した。

戦後四十五年目にして初めて聞かされた言葉であったが、建て前と本音は違っているらしく、その後の経過は全く及び腰であった。

青丘文化ホール主催の「強制連行した人とされた人」の真実を語る集いに二百人を超す人が参加した。強制連行した方の立場から東喬さん（岸和田市社会党市会議員）、された方から鄭承博さん、申仁弘さん、李興燮さんが出席された。

十七歳で徴用―強制連行

今日は強制連行された人、強制連行した人が集まって話をするということで私がまいりました。まず強制連行をした人の話を聞きたかったのですが、何故《なぜ》か順番が違って私が先になりました、よろしくお願いします。私は生《なま》の話をしたいと思います。自分がやられたこと、やったこと、それから経験したことであります。

私は北朝鮮生まれです。本籍地は北朝鮮の黄海道谷山、もともと生まれが百姓の子で、戦争中つまり私の国が日本の植民地になった頃ですが、親父と二人で大豆畑に行って間引きをしておりました。間引きをしないといい大豆ができないので、それでちょうど昼頃まで間引きをした時でした。警官が一人、日本の軍人が二人、それから村の役人が二人、畑にやって来ました。そして黄色い封筒を親父に渡しました。それが私の強制連行された時の姿です。

一瞬という言葉はすぐ消えるという言葉ですけど、それから私は日本へ来て、戦争が終わるまで、そして今はあのときから日本に来て四十七年になります。あれから私は一歩も自分の国へ足を踏み入れたことはありません。

畑に黄色い封筒を持ってきた人から親父がそれを受け取って、私は昼飯を食べる暇もなかったのです。食べる時間を与えてくれなかったのです。そのままバスに乗りそして貨車《かしゃ》の中に放り込まれて、それから一昼夜たって船に乗りました。それは乗るというよりも押し込められてこの日本という土地へ来ました。船の中も明るさが違うだけで自分の気持ちは難しい気持ちでした。どこへ行くのか何をされるのか誰も喋《しゃべ》りませんでした。私たちは引っ張られる時に百人一部隊ということで、各方面から集めた若い子供や、頭の白いお爺《じい》さんまで百人を一部隊として引っ張って来たのです。

私の隣に東さんという方がおりますけれども、この方が強制連行した人だそうです。私を引っ張った方法と、この方が引っ張って来た方法は違うかも知れません。でも私は自分の言うことに神に誓《ちか》って嘘《うそ》はありません。私は朝鮮で自分の故郷で八歳の時に小学校に入りました。強制連行されたのは十七歳の時です。その頃、徴用は十八歳からというきまりがあったそうですが、私の場合は十七歳で引っ張られて来ました。

十七歳とは今の満でいう年ではありません。数え年でいう十七歳です。つまり生まれ落ちた時が一歳です。そういう勘定《かんじょう》です。私の頃は、私の国の日本で言う昭和とかそういうのがなくて、年の勘定は十二支を使っていました。日本の昭和とかは子供の時は使っていません。日本に来てから昭和何年とか分かりました。ですから私は辰《たつ》年生まれです。正確に言うとそういう生まれになるのです。辰年に生まれて八歳になって学校に入りました。

私の学校は日本で言う分校みたいな所で四年制卒業の学校でした。町の方では六年制の学校があったのです。でも町までは朝鮮の里数で二十里もあったのです。私の行った学校は私の家から十二里ありました。朝鮮の里で日本の距離に直しますと五キロぐらいです。その五キロを歩いて学校に通いました。

そして四年生になった時です。つまり三年の学期が終わりまして、四年生になって学校に行きました。そしたら私たちの三年生まで習った国語、朝鮮語の国語の本はありませんでした。日本の国語の本に変わったんです。日本の一年生の国語の単語の本でした。今でも思えています。最初はハナ、絵は桜の花でした。次はニワトリと続きます。これを四年生の私たちに配ってくれました。四年生からはこれがお前たちの国語の本だと言われました。

そして一学期が過ぎ、二学期になりますと、私たちの朝鮮語が禁止になりました。私が日本の年号で昭和三年生まれになります。ですからそれから勘定して、私が四年生の時に朝鮮語が禁止になったのです。私たちは単語を一学期間習っています。でも日本語を喋《しゃべ》ることはできません。二学期から朝鮮語を禁止されました。朝鮮語を使うと廊下《ろうか》に立たされたのです。それは私だけでなく、他の子供のほとんどが、九十パーセントぐらいの子供が廊下に立たされるのが勉強の時間でした。

そして四年生の時の夏休みになりました。夏休みが終わってからは私は学校に行ったことはありません。途中で学校の近くまで行って、そこの川で一日遊んで自分の家に帰って来ました。でも親は私が学校へ行ったと思っていました。その頃は電話も無くて、先生が五キロも歩いて各家庭を回ることも出来ません。子供たちはみんな今で言う登校拒否をやったのです。登校拒否は昔にもありました。私たちは精神的なことで登校拒否をしたのです。

子供ならだれでも自分の今まで喋《しゃべ》った言葉を喋るなといわれると、どこにも行く所がありません。喋ることも出来ないのです。私は日本に来ても戦争が終わっても、昭和三十年頃まで、ものを喋ることが苦痛だったのです。そういう環境で過ごして来ました。炭坑へ来てもそうでした。何かものを喋るとビンタが飛んだり、けつを蹴飛《けと》ばされたりしました。

私たちが一体何をしたのでしょう。私は小学校の時からそして日本に来るまで、自分の精神というものが無かったと思うのです。しかし炭坑へ来てから、私は自分の名簿に「非国民」という赤いはんこを押すのを、この目でみました。なぜ「非国民」というはんこを押したのか。

私の親父《おやじ》は私が炭坑へ来る時に、一升ほど米の粉《こな》を袋に入れて持たしてくれたのです。それがどこへ行ってもその米の粉を水に溶かして飲むと命が助かると、こういうことで入れてくれたのですけど、その中に私のおふくろの指輪が入っていたのです。昔の指輪は大きくて太くて銀の指輪です。金ではなかったのです。袋の中身を検査してそこから出てきたので私は「非国民」にされました。炭坑で「非国民」ということは刑務所に入るより辛《つら》いものです。どんなに努力しても認めてはくれないのです。私は十七歳でしたけど、それがどういうことか自分で判断できました。だから私はその時、そのはんこを押すのを見た時から炭坑から逃げることをずっと考えました。

そして半年間たってやっと炭坑から逃げることができました。しかし、その年の八月に戦争が終わったのです。私たちは今思うと何をして来たのだろうと思います。そして日本人は私たちに何をさせたのでしょう。

私はこの四十五年間、私が朝鮮に住んだのは十七年間です。満でいいますと十六年間です。日本の方がずっと長いのです。でもまだあの時の子供の時のことが忘れることができないのです。

今日は、ここに強制されてきた三人を見て、なにか博物館に物を飾っているように見ているのではないのでしょうか。私たちは博物館の物ではないのです。血が通っています。今、日本は私たちに何かけじめをつけようとする気がないように思えます。私たちにけじめをつけてください。私たちは死んでも死にきれないような気がするのです。

私が今やっと、何年か前から本名で皆さんの前に顔を出しています。それまで自分の本名を使うことも遠慮というか、自分の都合で自分の生きている都合で本名を使わずにいました。

これは日本の皆さんの考えることだと思うのです。私は日本に引っ張られて来る時は、日本の名前で来たのです。それが戦争が終わったとたんに、私たちは外国人とされました。そして韓国と日韓基本条約を結ぶ時は、韓国人だけを韓国籍の人だけを対象にし、私たち朝鮮籍の人はいまだに何の対処もないのです。つまり補償の問題にしてもそうでした。韓国にいくら補償を払ったか私は分かりません。でも私たちには、一言もそういう話はなかったのです。私は自分の考えでものを言いたいと思います。私は補償の請求はしていません。ただおまえたち、あの時苦労させたなと、一言《ひとこと》言ってほしいのです。

私は日本人というのは、いつまでも変わらないなと思うのです。もう少し自分の先祖たちがやったことを考えてください。この場に、どのくらいの日本人がいるのか私はわかりません。でも皆さんの先祖がやったことで、これは確実に私たちを踏みつけたのです。そして私たちの生死まで奪おうとしたのは間違いありません。皆さんは「そうだったのか」「知らなかったな」とそれで済むと思うのでしょう。しかし、それでは済まないと私は考えています。

どうか私たち強制連行された人をもう少し考えてほしいと思います。今日は時間が二十分しか貰《もら》えませんでした。もう二十分たっていると思います。でも私の話はもっと続けたいのですが、他の人の時間が短くなると思います。私はただ在日朝鮮人は、ほとんどが私と同じような人です。皆さんが一人ひとり私たちの立場を考えて欲しいと思います。ただそれだけが私が今日言いたかったことなのです。皆さんに悪いと思いますけれども、それは皆さんにやってもらわなければならないことなのです。私たちがいちいち請求してやるのではなくて、日本人自身がそれをやらなければ、この本来のけじめがつかないのです。

いつまで延ばすつもりですか。もう四十五年たったのです。あと五年たったら半世紀です。

Ⅴ　裁判所証人として

一九八八年七月五日、大阪地方裁判所
指紋押捺拒否で外国人登録法違反に問われた
洪仁成《ホンインソン》さんの弁護人側の証人として語る

裁判所証人として（速記録）

昭和六十三年七月五日　第十四回　公判

事件番号　昭和六十一年（わ）第五八四二号　　　証人　氏名　李　興　燮

弁護人□

□証人は、どこでお生まれになりましたか。

　どこ言うたらいいんですかね、私が生まれたときは日本国、土地は朝鮮です。

□朝鮮でお生まれになったわけですね。

　そうです。

□現在で言うと、三十八度線の少し北側のところですね。

　そうです。

□谷山というところで、お生まれになったわけですね。

　そうです。

□証人の生まれた家は、お仕事は何をされとったんですか。

　農業です、百姓ですね。

□証人は少年のときに、日本に徴用で連れて来られたわけですか。

そうです。戦争中ですけども、朝鮮では生まれたときが一歳です。で私は生まれて十七歳のときに徴用で九州の炭鉱へ来ました。

□西暦で言いますと、一九四四年ですか。

西暦は私はよく知りませんけども、昭和十九年です。

□そうですね、何月ですか。

五月です。

□当時、兵隊に徴用するためには徴兵令がもうけられて、それとは別個に、労働で徴用する場合は、徴用令というのが定められたんですか。

私は法律のことはよくわかりませんけどね、徴用令だと思いますよ。つまり政府のほうから引っ張って来たんですから、個人ではないと思います。

□その徴用で連れて来られるときの状況を少しお伺いしたいんですが、まずだれが呼びに来たわけですか。

徴用いうのは、呼びに来るんじゃなくて、つかまえに来るんです。まあ、縄を引っ掛けてつかまえるんじゃないですけれども、畑で仕事をしているとかそういうときに、突然来て、その場で引っ張られるんです。つまり予告なしです。予告があれば、逃げたいもんは逃げるから、逃がさないために予告なしに来て、来たらすぐその場で行かなくなりません。

□そうすると、何人かでつかまえに来るというほうが、正しいわけですか。

そうです。私たちの小さいころは、今の日本でいう町とかありますけど面事務所いうところから役人さんが三人とか四人とかが村へ来ます。で、村の村長さんと一緒に来るわけです。

□そうすると、それに対して抵抗《ていこう》するとか、日本に行かないとか、そういうことは全く言えないわけですか。

いや、抵抗じゃなくて逃げる人はおりました。前もってね、徴用が来るのをもう家に来るなと思うころ、逃げてしまうんです、本人が。そうすると親がおれば父親、兄貴がおれば兄貴を代《か》わりに引っ張っていくわけです。

□それで証人の場合も、有無を言わさず結局、徴用に応じざるを得なかったと、そういうことだったわけですか。

ええ、私は父親が行こうということで、それは自然に、これは徴用だなと思いましたから。私が逃げるとおやじが引っ張られると、やっぱり自分が行かないかんなあいう、そういう気持ちで。

□日本へは船で連れてこられたんですか。

はい、朝鮮の私の国境から釜山までは、汽車で何日もかかりました。三日ぐらいかかったと思いますけども。それから釜山から下関まで船で来ました。

□船には何人ぐらい乗せられていましたか。

私が船に乗ったときは、もう全員で三百人ぐらい乗ってたと思います、徴用人だけが。

□その乗せられている様子ですけれども、閉じ込められているというような感じでしたか。

こりゃもう、豚小屋に豚をほうり込むのと同じですね、まあ、日本人の皆さんに悪いんですけども、ほんまにそうでした。まず私なんか船に乗ったことがなかったからね、船かどうかも知りませんでした、とにかく下へ降りろということで降りて行ったそこが船であって、そやからその降りても相手の言葉が知らないからうろうろするわけです。怒鳴《どな》りつけるんですね、そこへ座れと。日本語で怒鳴りつけるけど、私たちそのころは日本語は全然知りませんでしたし、何を言うてるのかも分からない。でも、手振りを見ると座れということで座ったり、立て言うたら立ったりしたりしたんですけど。

□それで船を降りてから、どこへ連れて行かれましたか。

船を降りてからまた汽車で、九州の佐賀県の住友炭鉱へ連れて行かれたんです。

□住友唐津炭鉱ですか。
そうです。
□佐賀県の徳須恵《とくすえ》というところにある炭鉱ですね。
そうです、徳須恵というところです。
□そこの炭鉱には、朝鮮から徴用で連れて来られた人は何人ぐらいいましたか。
はっきりはしませんけど、私の入れられた寮に、朝鮮の黄海道部隊と忠清道部隊、今は韓国ですけれども、この二部隊入っていました。一部隊が百人だから、興和寮《こうわりょう》だけで二百人入っとったんです。その唐津炭鉱に寮が三つありましたから、六百人ぐらいおったと思います。
□証人の連れて行かれた寮は、興和寮。
そうです、ええ名前です。
□三つ寮があったので、約六百人ぐらいその寮にいたんではないかと、そういうことですね。
そう思います。
□その興和寮ですけれども、部屋は幾《いく》つあったんですか。
長い棟《むね》が六つありまして、人間が入る棟だけが五つあったんです。六つ目の棟は事務所があって食堂だから。その五つに二百人を分配して泊めていたんです。

□一部屋は六畳《じょう》ぐらいの部屋ですか。

そうです、一部屋がだいたい六畳ぐらいで、五人入りました。

□六畳に五人というと、今の世の中から考えますと、非常に狭いと思いますけれども。

今の世の中から見ると狭いと思いますけど、あのころはそう狭くは感じませんでしたね。

□証人が入られた部屋には、やはり五人おられたわけですね。

そうです、五人おりました。

□どういう人がおりましたか。

徴用というのは、私が朝鮮で自分の国で徴用に来る前に聞いた話では、十八歳から徴用を引っ張るという話を聞いたんですけども、私の場合、数え年の十七歳ですから、今の年齢の数え方ですると十六歳、十五歳ちょっと過ぎたころですね。そうすると年がまだ足りないんです。それでも引っ張られました。で、日本に来て部屋割りをして部屋に入ったところが、私より数え年が一つ、年の下のやつも一人来とったんですね。これはまあどういうことかと言いますと、つまり向こうで役所のほうで年を書いてしまっとるんです。十八歳になってないやつを、十六歳のやつを十八歳に書いてしまって、それから引っ張るわけです。

□年齢を訂正した上で、徴用に無理やり連れて来ると。

そうです。

□そうすると、あなたよりも年下の少年が一人同じ部屋にいたわけですね。

ええおりました。それで、髪の毛の真っ白くなったおじいさんも一人おりましたけどね。それは、自分の息子が逃げて、代わりに引っ張られて来たおじいさんでした。そのおじいさんが部屋ではみんないろいろ指導してくれたりね、しましたけれども。

□この寮というのは、周りが何かで囲まれとるんですか。

そうです、なんちゅうんですか、真っ四角な土地に真っ四角に塀をして、その中に棟を建てたんですけども、その板塀がたいへん高いんですね、うちらが手を伸ばしても届かないんですね。だから飛び上がって逃げるわけにはいかなかったんです。足でけってもなかなか、板が分厚かった思うんですね、足のほうが痛いぐらいでね。

□その塀は何のために作られとったんですか。

さあね、逃がさないためじゃなかったんですか。あのころは逃げるいうても逃げられない人が多かったんですよ。言葉をまず知らないし金を持たない、だから逃げろといっても逃げられない人がおった、それでもやはり逃げるやつもおりました、私みたいにね。

□後でお伺《うかが》いしていきますが。炭鉱での一日の生活ということですが、朝はどういうふうにして起こされるんですか。

着いた晩は疲れて寝たんですけど、棟の片方に部屋があって片方に通路があるんですね、ずっと通路が突き抜けてるんですよ、部屋の上がり口を三〇センチぐらいの板張り、階段みたいな板張りを張っているんですけど、そこを鶴嘴《つるはし》の柄でたたくんです。声をかけながら、起きろという、バンバンとたたいて行くんですから。一番最初、私は何事かと。びっくりするとか、そんななんじゃなかったです、もう、部屋から飛び出したいぐらいですからね。それがもう寝る前と起きる前、年中続くわけです。だからもう朝は、なれてくると板張りをたたかれる前に目が覚めるんです。

□朝起きてから食事をされるわけですね。

はい。

□それは食堂にみんな集められて、食事をするわけですか。

起こされる時間が一緒ですからね、そうすると自分の名札があります、名札といってもこれは名前の札じゃなくて、番号を付けられますね、炭鉱へ最初入ると、その番号を付けられるんです。番号札を黒板みたいな壁に、釘のところへ差してそして自分が食堂に入るときに、その番号札を受付に出して食券をもらって、それから炊事場のとこへ行って食券を出しますと食事が出て来るということです。
□そうすると、名前で呼ばれるんではなくって、すべて番号で指示されとったと。
ええ、日本に、日本いうか炭鉱に入ったときはもうすでに番号で呼ばれます。
□食事ですが、どういうものが出るんですか。
あのころは、一番多かったのは豆粕《まめかす》、大豆をしぼった豆粕が一番多かったんです。それからとうもろこしを砕《くだ》いたやつ、それで米がだいたい二割ぐらいですね。
□そうすると、かすかすしてとても……。
いやそれでもね、今飲食店に行くとどんぶりが出ますけども、そのどんぶり一杯ぐらいあればいいんですけれど、普通、おわんで食事をしますね、このころはおわんにもほんとにすれすれぐらいにしか入れてくれない、そうすると私なんか、ちょうど食い盛りの年でしたんで、とてもこう腹が減ってたまらんような状態で。
□そうすると、質もよくないけれども量のほうが少ないのに困ったと、そういうことですか。
はい。もうそれでも質はそのころどうでもよかったです。量さえあれば腹いっぱい食わしてくれれば、私は炭鉱で一生働いてもいいと思うとったんです。それが、腹は減るわね、まあいろんなあって逃げたんですけどね。
□順番に聞いていきますけど、炭鉱ではどういう仕事をされとったんですか。

炭鉱にはいろんな仕事があります、私がついた仕事は掘進夫です。

□掘進夫というのは、どういう仕事をするんですか。

これは、炭層を見付けるために。炭鉱に行くと、中は全部岩ですから炭層いうのがあって、岩の間に石炭の層が通っているわけです。その炭層を見付ける仕事が大体掘進夫の仕事です。これをどうして見付けるかというと最初削岩機《さくがんき》を使ってトンネルを掘るのと同じことです。トンネルをどんどん掘って行ってそこに炭層があったら採炭夫いう人間が入って来て石炭だけを掘り出すんです。

□その掘進夫のほうですけれども、まず削岩機で穴を開けてダイナマイトで爆破してそれから出て来た石ころを外にトロッコで運びだすと、そういう仕事になるんですね。

そうです。穴を掘ってダイナマイトでやるのは日本人の責任者である先山さんという人がそれをやります。危険ですから私たちはそういうことはできないから。で、専らボタというんですけど炭鉱では、その崩れてきた岩石ね、それを運び出すのが徴用人の仕事です。

□炭鉱に入って行くのはトロッコで入って行くんですか。

そうです。トロッコいうても全体が鉄でできていましてね、トロッコに満員で乗ると九人ほど乗れますけれども、だいたいが六人ぐらいずつ乗って、それが五十も六十も連結して運ばれるんですけどね、これが平面だったらいいんですけどね、ほんまにひどい坂ですのでね、地の底へ潜《もぐ》るんですから。これはもう最初は怖《こわ》かったですね。私、半年ぐらいおりましたけれど、炭鉱へ半年ぐらいおるともうそのころは慣れてきます。

□急降下で滑って行くわけですね。

そうです、そりゃあもう怖いです。

□それから先程ちょっと出ましたが、採炭夫という仕事もあるわけですね。

そうです。

□採炭夫というのは、石炭を掘って行く仕事なわけですね。

採炭夫というのは、石炭を直接鶴嘴《つるはし》で掘るわけです。機械じゃないんですよ、岩の間の石炭を取ってしまうんですから、機械を使うと岩が崩れてくる恐れがあるから、機械を使わない、全部手で掘るんです。で、石炭の炭層いうのはその炭鉱によってみな違うんですよ。

□その採炭夫というのは、非常に重労働なわけですね。

これは、炭鉱で一番重労働で、採炭夫は一〇〇％朝鮮人でしたね、掘進夫には日本人がまざっていましたけど。

□それから、後でつっかい棒なんかをしていく仕繰り夫というのもいるんですか。

そうです。それは私たち掘進夫が掘り進む、そうすると岩の天井が出来ますね、トンネルを掘りますから。その岩の天井とか壁とかが崩れないように補強するわけですね、材木で。それが仕繰夫という仕事です。

□それは徴用人よりも、むしろ日本人のほう多かったんですか。

それはね、炭鉱では階級があるんです、やっぱり仕事の中でも。で、採炭夫というのは一番最低の階級。次が掘進夫、で、仕繰りいうのはなかなか朝鮮人は使ってくれません、給料もええし、一番安全な仕事なわけです。

□一日の労働というのは、大体、朝の何時から夕方の何時ごろまで仕事をするんですか。

朝七時から夕方の五時までてしたから、時間で言えば九時間ぐらいでしたかね。

□それで、坑内には弁当を持って入るんですね。

そうです。

□実際に弁当を持って入られましたか。

さっき言いましたけれども、朝、食券を出して飯をもらって飯を食うたら、弁当の食券を出して弁当をもらいます。で、部屋へ一応帰りまして、この弁当を食べてしまうんです、朝の量だけでは足らないから。で、空《から》弁当を持って坑内に入るんです。空弁当でも持っていないと、やられる言うたらおかしいんですけれども、怒られたりしたたかれたりしますから。空弁当を持って坑内に入るんです。

□そうすると、昼食時間がきても実際に食べるものはなかったわけですか。

昼は食べませんね、日本人は食べますけども私たちの場合は、九九％もう昼飯は食べてないです。

□そういう炭鉱での出入りとか、寮での生活とかについては常に監視《かんし》が付いておるんですか。

ええ、寮の入り口に事務所がありまして、そこにいつも四、五人たむろしてますね監視員が。まあ監視員というんですか、寮長さんもおりますけれどもほとんどが監視の役目をしておりましたね、徴用人が何かをしないかいうことを監視しておったんですけども。で、その中に私たち一部隊、黄海道部隊、忠清道部隊この部隊の中から日本語ができる人を隊長という役目で選び出すんです。で、日本語ができる人を隊長にして、その隊長も寮の事務所で一日、自分と一緒に来た人たちを監視するわけです。

□そういう厳しい労働の中で、逃げようという人もおったんですか。

おります。私が逃げるときは、私の黄海道部隊でまず一番最初に徳須恵に汽車で着いて、それから二週間ほど訓練がありまして、訓練が終わって明日から炭鉱におまえたち仕事に入るんだから今日は映画を見せてやるということで、小学校の講堂で映画を見せてもらいました、そのときに四、五人最初逃げたんです。

□その逃げた一部の人がつかまって、リンチにあったということがあったんですか。

そうです。後からつかまえられて、当時は、たたくというのも、びんたとか、げんこつとかじゃなかったんですね、生ゴムの棒でたたくんですよ。私たちは、ちょうど牛のおちんちんに似てましたんで、牛ちん、いう名前が付けてありましたけど、ふにゃふにゃしていくらたたいたかて、棒はこたえませんね。体にはまあ一回たたかれたらそこが真っ赤に腫《は》れ上がりますけどね。そういうひどいことでしたね。

□何回もたたかれるんですか。

何回ではないんですよ、その人が気絶《きぜつ》するまでたたくんです、気絶してもまたバケツで水をかけてまたたたくんです。これは、たたくというんじゃないんですね。あの当時は、半殺しいう言葉が流行《はや》りましたけど、半分殺すんですね。

□給料は、少しはもらえたんですか。

給料はありました。

□いくらもらいましたか。

当時でだいたい、炭鉱で七十円ぐらいもらったかなと思います。

□当時は銭じゃなかったかと思うんですけどね、当時円というと相当大きな額になるんですが、七十銭の記憶間違いじゃありませんか。

そうです、七十銭。

□一か月七十銭。

そうです、七十銭くれるんですけど、自分の手にはだいたい、三分の一ぐらいしか手に入りませんね。国へ送るという名目で天引きしてしまうんです。それが国へ送ったかどうかも分かりません。

□それで証人は、昭和十九年の五月にこの炭鉱に連れて来られて、半年ぐらいたってから逃げようというふうに思われたんですか。

はい、私が逃げようと思った原因は、一番最初、炭鉱に入ったら持ち物を調べるんです。その持ち物がだいたい決まっているんです、炭鉱に入って来る人の持ち物。洗面道具、そのほかに、百人おったら百人ほとんどが持って来るのが一種類だけあるんですよ。それは、米を粉にして袋に入れてくれるんです。これは、腹が減ったときに水で溶いて飲みなさいいうて、親が入れてくれるんです。その米の粉のなかに、私のお袋の指輪が入っていたんです。

□形見の指輪ですか。

私のお袋は、私が十三歳のときに肺病で死んだんですけどね。おやじがまあ、こいつこれでもう一生別れるかもしれないとそう思ったんと思うんです。で、お袋の形見やいうことで入れてくれたと思いますけど。私はそれをおやじに聞いていないんですね。で、調べられたときそれが出てきて、その当時は、金、銀、銅、非鉄金属類は全部国に供出せないかんかったんです、戦争の材料として。それが入っていたもんで、非国民というらく印を押されましてね、そのらく印のために外出も出来ない、どこも出してくれないんです、らく印を押されたらこれは刑務所みたいなもんでね。いっぺんも出してくれない、どんな理由があっても。これが一番逃げようと思う原因になりました。

□外出というのは、普通に、命令に従って労働している人には三か月に一度ぐらい、一日外出の機会が与えられるんですか。

そうです。一か月間満勤をします。満勤という皆勤やりますと、次の月に一日だけ外へ出してくれるんです。許可証を持って外へ出て行って、自分の好きな食べ物を食べるとか、金があればそういうことができたんですけども、私の場合は例《たと》え三か月皆勤しても出さないんですね。

□それで、逃げようということを思ったわけですか。

ええ。それやったら一生もう結局、塀の中で生きていかないかん思ったんです。それやったら死んだもんと同じやから、逃げてやろうかと、こういう気持ちだったんです。

□それで実際にこの炭鉱から逃げられたのは、いつですか。

実際に逃げたのは、十九年の五月に炭鉱に来て、二十年の元日に逃げました。二十年の元日は、なんとかこう自分の努力で一日だけ外出させてもらったんです。元日の祝いとしてね。で、それを利用したんです、逃げるのに。

□その逃げるということを、あらかじめ同じ部屋のほかの人には相談はしとったんですか。

はい、もう逃げるということは、三か月ほど前からね、私は逃げるということを相談したんです。で、逃げるのも私ともう一人、私より二つほど年上の人と逃げるように決まりました。ほかの三人は逃げないということに決まって、二人だけで逃げました。

□皆に相談したというのは、結局残された人に迷惑がかかることも有り得るからですか。

そうです、つかまったときね、同じような罪を着せられるから。で、相談をしてつかまったときはつかまったときで、みんなが覚悟をしてもらうとそういう意味もありました。

□残られることになった人たちは、あなたの逃げるということについて、励《はげ》ましてくれましたか。

はあ、もうそりゃいろいろ心配してくれました。髪の毛の白いおじいさんなんかは、自分の息子を逃がすような気持でね、いろんなことを話してくれましたけどもね。

□そうすると、苦しい状況の中にあっても、その中の朝鮮人の間では非常にお互いにいたわりあいながら生活をしとったと、そういうことですか。

ええ、そりゃもう、人間ていうのは苦しくなるほど心いうのですか、通い合うんですよ、これが楽な生活をするほど人間は心が通わないんです。

□逃げるときもいろいろ苦労されたみたいですね。

はあ、苦労しました。あの当時は特高警察いうのがおりましてね。普通の警察おるでしょう、で特高警察おるでしょう、それから憲兵いうのがおりましてね。この三つはつかまえることができるんです。民間の場合は連絡するほうです。私たちはこの民間も怖《こわ》かったけども、連絡されますからね、徴用人が逃げているよてね。一番怖いのは、特高警察と憲兵でしたね、これはつかまえたらまず、半殺しにされてから炭鉱へ送られる。

□それで、いろいろ苦労して逃げられて、どこに行かれたんですか。

一番最初に行ったのが、唐津の軍港の仕事をやっている飯場に入りました。これは朝鮮人の飯場でした、今で言う、韓国の人ですけど。

□そこでかくまってくれたわけですね。

ええ、たいへんこうかわいがってもらいましたけど、わたしはまだ子供でしたし。

□それから青年学校に入られた、ということもあるんですか、その後。

ええ、それはずっと後です。逃げたのは二十年の正月で、それからその最初入った飯場が引っ越しをしました、やはり同じ福岡県ですけども津屋崎いうところへね。津屋崎へ行って飛行場をつくる仕事をやってたんですけども、そのころに東京に空襲があったと、ですごい被害があったという話を聞いて、これはもうここにも近いうちに来るな、ということで山奥へ逃げることにしたんです。山奥へ逃げたのが同じ福岡県の中の多々良《たたら》いうところです。郡の名前は分かりません。その多々良いうとこへ行くと、ここは谷合というんですか、山が重なったところ、そこに防空壕掘りの仕事がありまして、防空壕掘りの仕事をしているときに青年学校へ行かないかんと、年が適齢期になっていましたから、これは話をすると長いんです。

□青年学校というのは、何か訓練をするんですか。

それは、兵隊の訓練をするんです。ほかになんにもしません。国語を習うとかそういうことはないんです。最初から兵隊の訓練をするんです。でまず、青年学校へ入ると覚えなならんのが、「朕惟フニ我ガ皇祖皇宗、国ヲ肇ムルコト……」こういう教育勅語いうんですか、これを暗記すること。それから軍人勅諭いうのがありまして、「軍人ハ忠誠ヲ尽クスヲ本分トスベシ……」こういうのを全部暗記させられる。これはまあ柔らかい訓練で、ほかは全部、鉄砲担いだり、かますを担《かつ》ぐ。背中に担ぐのを背《はい》のういいますけど背のうを担いだり、海を渡る練習をしたり、穴を掘る練習をしたり、そういうことばっかりでした。それが青年学校でした。

□その青年学校での朝鮮人の扱いいうのは、どういうもんでしたか。

朝鮮人は、青年学校へ入ってもこれは馬以下でしたね。やっぱり私、本にも書いていますけど、おまえら十人よりも馬一匹がええと、こうよく言われました。これはどういうことを言うてるのか、私たちは意味が分からなかったんですけどね。

□証人は、その炭鉱から逃げてから、本国に帰ることをずっと考えておられたわけですか。

炭鉱から逃げるとき、もうすでに自分の国へ帰ることが頭から離れませんでした。それは自分の国へ逃げるいう意味で逃げたんですから。で、どうしてもこの、人間がひとつこう逃げる目的を持つとね、どうしてもその方向へ方向へ逃げるんですよね。

□そうすると、西の方向へずっと逃げて行った。

うん、おかしいですね、私はどないしても北の方へ北の方へ逃げたんですね。

□それで、本国に帰る船に乗る機会はあったんですか。

いえ、逃げ回っている間はありません。戦争が終わってからは、まあ帰ろうと思って博多へ出ましたけれども、その時は自由でした、ただし金があればです。で私ね、後で聞くと、日本の政府から何かこう、帰るときに船賃を支給するとかそういう建前いうんですか、そういうのがあったらしいんですけども、私のときは全然そういうのを聞いてなかったし、分かりませんでした。まずだれもそれを言うてくれる人もいなかった、で結局、自分の金が、船賃が足らなかったからほかに生きる道を探して、まあ今になりましたけど。

□次に戦後の生活を若干お聞きしますが、戦後はどういうふうにして生活されてきましたか。

戦争が終わりました。そうすると防空壕掘りがなくなる、軍需工場の仕事がなくなる、日本全国どこへ行っても仕事がなかったんです。そうすると生きていくためには、自分で作ったものがないから、何か金を作る方法を考えなければ生きて行けなかったんです。私は自分の国へ帰ろうと思って博多へ出て来たところが船賃が足らなくて、さあ生きて行かなければならん。だから博多の町へ出て行って、で、サツマ芋を薄く切って天プラに揚げたやつを仕入れて、そして外国から引揚げてくる日本人、引揚げの人達に道端にムシロを敷いて、その上に紙を敷いて、新聞紙を敷いて、で、五枚とか六枚とか天プラを山にして、ひと山二円とか三円とかで売ったわけです。それが一番最初の商売ですけれども、それは自分の命をつなぐためにやりました。私は百姓の子供ですから商売をする道を知らなかった。でも、やっぱり金は増やさないかんから、で、飲食店でかりに百円で買うてくる、それを百三十円ぐらいにはせな商売にならないと。そういう商売をやりました。

□いわゆる露天商《ろてんしょう》ですね。

そうです。それをやって、それは引揚げ者が何年も続いたわけじゃない。一年たち二年たちすると、引揚げ者も少なくなる、その相手で商売すると今度は食べて行けなくなる。だから私は日本の法律を犯《おか》して、商売を始めたわけです。その当時はタバコは専売で個人で商売をしたら法律に引っかかったんです。

□いわゆるヤミ商売ですね。

そうです。で、葉タバコを鹿児島まで行って買ってくるんです。そして買ってきて、博多の自分の泊まってるところへ帰って来て、それを粉々にして、紙で巻いて売るわけです。これは一年ぐらい続きました。ヤミ商売というのは大変もうかりまして、あのこう自分のお金を百円かけると、だいたい三百円ぐらいになりましたね。だから大変もうけがよかったんです。そのタバコがだんだん進駐軍、今のアメリカですけれども、進駐軍が上がってきてタバコが豊富になったんです。するとタバコも売れなくなる。そうすると、今度は米のヤミ商売をやりました。米のヤミ商売はこれはもう三年ぐらい続けたと思うんですけれども、私はいっぺん米のヤミ商売で捕まえられて、そして罰金刑を打たれたことがあるんです。この罰金がその当時で三万円の罰金を納めました。大変な金でした。でも、その前にタバコの商売で金を大分もうけていましたから即金で払いました。

□そういうヤミ商売も生きて行くためには、ほかに仕事がなかったからやったと、そういうことですか。

はい、それはもう仕方なかったんです。ほかに本当に仕事がなかったんです。私は米で引っかかって罰金を納めて、それから金がなくなって仕方がないから土方の飯場へ回ったんですけれども、その飯場へ回るのが、ちょうど朝鮮戦争のころでした。そのころになると、だんだん河川工事とか川をきれいにする、石垣をするとかブロックを積んだりする河川工事があちこちに出たんです。で、その工事場へ入りました。

□飯場回りは何年ぐらい続けられましたか。

飯場回りは、私、昭和二十四年ぐらいからだいたい十年ぐらいしました。

□それから現在の金属商をやっておられると、そういうことですか。

はい、金属商は大阪へ来てからですけれども、ずっと土方の飯場を回って、そして大阪へ来たのが昭和三十四年ごろです。大阪へ来ても、する仕事をおいそれと見つけられない。だからリヤカーを引っぱってダンボールを拾ったり新聞を拾ったりして、一年ほどそれで生活をして、少し金ができました。で、その時に自動車学校へ行きました。大阪の津守の自動車学校ですけれども、行って免許を取って、それから昔の三輪車というのがありまして、中古の三輪車を買って、それからこの商売に入りました。

□在日朝鮮人の一世、証人は一世なわけですが、証人のようなそういう人生を歩まれてきた方というのは、多かれ少なかれ現在の一世の方に共通してるんですかね。

いや、多かれ少なかれじゃないでしょうね。もう一〇〇%みな、そうじゃないんですか。

□同じような境遇の中を生きてこられたと。

はい。思います。

□それで証人の実際の経験とは別に、戦前の日本の朝鮮の植民地支配ということについて触れていきたいんですが、昔、植民地併合してから日本は土地調査事業というのをやりましたね。これについて、証人はご存知ですか。

私は直接は知りません。しかし大人達から、自分の親父から聞いたことはあります。私の親父もいつも自分の畑へ行くと、あそこもうちの畑やったけど、あれは取られたと。

□日本に取られたと。

はい。ということは、その当時はきっちりした自分の土地というのは、なかったんです。つまりここら辺は俺《おれ》が畑にするよ、ここら辺は俺が田んぼにするよという具合で、土地の割り当てが自然と百姓同士で割り当てて使っておった。それが日本の権力が入ってきて、測量を始めた。そうすると、きっちりとここはだれの土地か、ここは私の土地です。そうか。そこでピシャッと決まるわけです。真四角にね。で、あいまいな土地は全部国有地にしたんです。だからまず自分が使っている土地しか、自分の土地じゃなくなって、あいまいな土地はみんな取られました。

□そういうことで土地を失った朝鮮の人というのは、たくさんいるわけですね。

たくさんて、全部と違いますか。

□それから創氏改名というのも、やりましたね。

はい。ありましたね。

□これは、どういうことですか。

私は日本に徴用で引っぱられて来るときに、今の自分の本名のリ・フンセビ（李興燮）じゃないんです。創氏改名のときにこれは強制的にやられたんですから。私の親父は自分の李という名字をなくされて、結局日本の名前に変えな、いかんかったんです。それが自分の先祖の発生地を取ったんです。私の先祖の発生地は今の韓国の慶州が先祖の発生地なんです。で、慶州て名前を付けたんです、日本の名前を。私がだいたいものが分かってきたころのことですけれども、その創氏改名は、ある日、家の名札と言うんですか、表札下げていますね、それを見ると慶州何々てなってるんですね。へえー、えらいうち、名前一つ増えとんなということだったんです。そういう感じしかないんですけれども。まず朝鮮人が日本姓に変える場合は、皆自分の先祖の発生地とか、または自分の忘れられない土地の名前とか、必ず心に残る名前を付けたんです。私が徴用で引っぱられるときも、まず慶州興燮という名前で来たんですよ。李何とかで来たんと違います。

□それから朝鮮語の使用を禁止するということも、行なわれたんですか。

それはひどかったですね。私はちょうど四年生のときですけど、校長先生が日本人に変わったんです。そのときまでは学校へ行くと、朝鮮語が国語だったんです。で、この校長先生が日本人になった途端に国語が日本の国語になったんです。四年生のときに、日本の一年生の国語を配られたんです。日本の国語の、本当はちょっと内容が違っていたと思うんです。日本は何か話聞くと、サクラサクラとかいうんですけれども、私のときは、ハナ、ハエ、イヌ、ニワ、ニワトリと、こうなってたんです。四年生のときに初めて日本の一年生の国語を習ったんですけれども、そのときその国語の本が配られるとすぐ、朝鮮語が禁止になったんです。朝鮮語を使うといかん、日本語を使えと。日本語を使えと言ったって、分かりません。つい朝鮮語でしゃべるわけなんです。そうすると、廊下に立たされる、毎日廊下に立たされるのが勉強みたいなもんやったんです。

□それから、産米増殖計画ですか。

供出《きょうしゅつ》ですね。もうそれも強制的でしたね。うちは百姓でしたけれども、私が小学校四年生ぐらいのときから、自分の家で白米飯を食うのは年に二、三回ぐらいしかなかったんですね。自分の田んぼを作って、そうなんです。なぜそうするか、みな供出で取られてしまうからです。もう、だいたい決まっていますね、一田んぼに米が何ぼとれる。それなら何ぼ出せというわけです。仮に一田んぼで米が五俵とれるんだったら、四俵出せと、こうなるから、あと一俵で自分の家の一年の生活をせないかんわけです。で、米だけ食うたら、米は一か月ももちません。だから米を大事に、これはもう金みたいに大事にして、で正月とか盆とか、そして自分の誕生日とか、そのときじゃないと白米飯が食えなかった。これが供出制度です。

□今ずっとお聞きしてきたのは、朝鮮本土で行われた植民地支配の具体的な内容なんですが、日本に渡ってきた、もしくは強制的に連れて来られた朝鮮人に対する日本の政府の管理と言いますか、そういうのはやっぱり厳しかったわけですか。

戦争中ですか。

□戦前ですけどね。協和会というのが作られたんですか。

ありました。協和会というのがどこにあったか分かりません。でも、協和会手帳というのが、あったんです。その協和会手帳というのを持つと、日本全国どこでも自由に旅行ができたんです。で、私も炭鉱から逃げて、それから協和会手帳がほしくていろんな方面に働きかけて、その協和会手帳をもらおうと思いました。そうすると、これが警察から出るんです。警察の中に協和会というのがあるんです。警察から出るんですけれども、これが金がいるんです。これは本当に警察から出るときは無料なんですけれども、もらう人は金がいったんです。それが当時の三か月分ぐらいの給料を出さなければならなかったんです。これもヤミでした。つまり協和会手帳は、朝鮮人のみんなほしがる。朝鮮人が戦争中に炭鉱へ全部引っぱられてきたのは、二百万とも三百万人とも言われています。この人間がみなほしがってる。すると金が、ワイロですね、そういう金を出さなければ出してくれなかった。だから私、戦争が終わるまで、結局は協和会手帳はもらえなかった。

□この協和会というのは、いわゆる特高の管轄《かんかつ》の下にあったわけですね。

そうでしょうね。

□今、戦前のそういうういろんな日本の植民地支配の具体的な内容をお聞きしたんですが、こういう歴史の傷跡《きずあと》と言いますか、こういうものについては、一世についてはもちろん消えていないと思いますが、一世に続く二世、三世若しくは今まで四世の方も誕生していますが、そういう思いというのは、やはり引継がれていってるわけですか。

そのことは人間というのは、だんだんつらいことは忘れよう、忘れようと努めます。私もつらいことは全部忘れて生きてきました。忘れては、いないんですけれども、忘れよう、忘れようという気持ちで生きてきたんです。で、朝鮮戦争がありました。これは南北同じ民族同士で戦争したんですけれども、おろかなことでした。で、結局どちらが負けてどちらが勝っても、どちらにも恨《うら》みが残るんですね、戦争をやると。

日本の朝鮮侵略も同じことですね。つまり朝鮮を侵略して、日本がどのくらい利益があって、朝鮮がどのくらい虐《しいた》げられて、その恨みは個人個人は皆、忘れよう忘れようと思うんですけれども、残るんですよ。これは、百年たっても消えない。で、朝鮮戦争もそうです。韓国と北朝鮮が統一できないのも恨みが残るから、できないんです。

あれが、恨みが残らなかったら、早く統一できています。だから今の日本におる二世、三世、私の子供、私の孫、これらも私がそれを教育しなくても残っていくんです、これは自然なんです。

□特に戦後においても、やはりそういう朝鮮人に対する差別というのは、続いてきたということは、言えるんですか。

戦後、朝鮮人の差別が多かったんですね。自分の国の教育をさせようということで、朝鮮人は学校を作りました。すると、その学校を閉鎖《へいさ》したんです。私らから見ればつぶされたんですが、一時そういうことがありました。つぶされて、そしていろんな事件が起こりました。それが差別の第一歩で、それから今問題になっている指紋押なつ《しもんおう》、外国人登録法ですけれどもこれもやっぱり差別の一つだと思うんです。なぜかと言いますと、日本人の場合、まず、免許証を持って車に乗ったとします。で、検問《けんもん》に引っかかったとします。そうすると、免許証を出します。日本人はこの免許証だけで身元が確認されます。ところが朝鮮人は違うんです。免許証を出したら、登録証も出せと、こうなるんです。登録証を忘れましたと言ったら、登録証あるのかないのか、いつも携帯《けいたい》という法律があるのに、何で持って歩かんのか。これ、法律に引っかかって裁判になります。なぜでしょうか。免許証というのは、登録の控えで免許証が出るんです。

これは登録というのは、私自身は朝鮮人の戸籍であり、住民票であると思っています。住民票で免許証を出したのに、免許証を出しても、さらに、登録証を出せと。ああ、忘れてきました。そうすると、常時不携帯でやられます。免許証だけで身分が証明されています。ところがやっぱり外国人登録証を出せと。忘れました言うと、法律に引っかかります、裁判にかけられます。罰金刑になります。

□それも、やはりその差別の一つだと。

差別です。これはもう差別のほかに言いようがないです。私、法律というのは国のため、国を栄えさすため、国の秩序を守るため、それから国民を幸せにするために法律があると思うんです。これは、家で言えば床柱だと思うんです。で、いろんな枝が出てくると思うんです。床柱の精神は何かというと、やっぱり人間を相手にしてるんですよ、法律というのは。何も物を相手にして法律は作ってないと思うんです。人間を相手にして作った法律であれば、人間として扱《あつか》わないかんのです。それが朝鮮人、人間じゃなくて朝鮮人として扱うから、こういうふうになると思うんです。これは同じ人間だ、これは朝鮮人であれ、エチオピア人であれ、アメリカ人であれ、みな人間だと。人間であればその法律の柱を守らないかんと思うんです、それが法律やと思うんです、そうでなければ法律なんか、いりません。

□そうすると外国人登録法のいろんな規程が朝鮮人をはじめとして、ほかの外国人にいろんな義務を課しているわけですが、外国人登録法の規程というのは、そういう人間扱いをしていないと、そういうふうに思えるということですね。

今言うたように、法律は必要です。国であれば、もちろん日本の国であれば日本の国の法律、それから外国人がようけ来るから、外国人に対する法律も必要です。でも、それはだれを相手にしてるか、人間を相手にしてるんです。ところが、朝鮮人を相手にするということが間違っている、これは朝鮮人だけにこういうことしかないんです。もしアメリカ人が六十万人、七十万人と、日本に住んでるとします。朝鮮人が一人もおらなくて。そうすると、どうなったでしょう。私は考えると、アメリカ人がもし六十万人も住んでおれば、一八〇度違う使い方をすると思うんです。だから差別だと言います。ほかに指紋《しもん》のことでも、そうです。指紋を一回押せば一生残るというのに、昔は二年に一回切替え、三年に一回切替えやりました。私は全部押しました。今でも私は指紋押なつは反対してないんです。なぜ反対しないか。反対したいんです、したいけれどももう残ってるんです。今更反対しても、これ、残らないかと言うと一生死ぬまで残るわけです。死んでも残るかもしれません、これは。だから反対なんか、ちゃんちゃらおかしいことです。

□ご自分では、ですか。

はい。だから私、役所に行ったとき、去年、おととし切替えましたけれども、そのとき、もう予備ぐらい取っといたらどうですかと、私言うたこと、あります。

□証人としては、自分では闘う気にはなれないということですね、指紋については。

闘うというのは、それは人それぞれです。自分で闘う。私は自分の気持ちで生きる、それだけです。ほかに人が闘うという意味は、私はちょっと闘うと言うと殴《なぐ》り合うということに思うんですけれども、一応法律と闘うとか、よく言いますけれども、闘うんじゃなくてそれは悪い法律であれは直してもらう。これが私の生き方です。ええ法律であれば何百年でもええんです、置いとけばええんです。悪い法律であればそれを直すのに何も遠慮することはないんです、私はそう思うんです。先生は法律家ですけど、私、一番法律家に腹が立つのは、戦時中に朝鮮人をこれほど大量の、二百万人も三百万人も引っぱって来ました。ところが国の一番大事な法律を勉強してる、そのお方達が一言でもそれに反対の声を出しましたか、だれ一人出してないです。知らんプリしました。これが大学へ行って法律を勉強した人でしょうか。

□法律家に対してそういうふうに期待するということですね。きちんとしてほしいと。

そうです、私は悪い法律は早く直すべきだと思うんです、ええ法律は百年も何千年でも続けるべきです。

□ それで先程指紋に反対するということについて、ちょっとおっしゃいましたが、被告人の洪君なんかはやはりこの指紋の制度というのは、差別だと。それで自分の子供達の世代にもこういう制度を残したくないという思いで裁判の席に立たされてたわけですけれども、そういう被告人なんかの思いに対しては、どうですか。

私、きょうここで初めて洪さんに会うたんです。私、顔も知らないし、名前も知らなかったし、どういう人間か分かりません。でも、この人は先生から聞いたんですけれども二世、日本で生まれた。日本人と一緒に学校へ行って勉強した。そうすると自然的に日本人と同じような感覚を持ってる。私の場合は、まだまだ朝鮮人的な感覚を持ってます。ところが、この人の子供になると、これはもう半分以上日本人です、精神もそうですよ。この人だって恐らく半分ぐらいは日本人的になってると思うんです。それがどうして指紋押なつを反対したか、それは自然的に分かると思います。自分と同じ学校へ行った同級生は、こういうことはないのに、なぜ自分はこうされるのか、それが一番頭にくると思うんですね。で、この人達は日本で生まれ、日本の教育を受け、朝鮮の教育を受けたかもしれませんけど、せやけど日本に住んでいると、どうしても同化されるんです。私の娘もほとんど日本人化してます。孫はこれは完全に日本人化してます。私を呼ぶときでも、「おじいちゃんジュースちょうだい」。これはもう日本人のほかにないです。朝鮮人やったらおじいちゃんのことを「ハラボジ」と言うんですけれども、それを私から「ハラボジ」と言えということは言えないんです。これは、これから日本で暮らして行かないかん。そうすると、もう自分が自然の成り行きに任《まか》さな仕方がないんです。だからこの人達が指紋押なつを反対し、登録法に反対するのは当然な話です。私でも、一世でも腹が立ってくるのに、二世、三世になると、これはもうそういう指紋とか常時携帯と言ったら話になりません。常時携帯というのは罪なことです。

□ずっとお聞きしてきましたように、日本人と朝鮮人との間には、相当深い亀裂《きれつ》があると思うんです、歴史的な経過で。で、日本人の側からすると、そういうことは知らない世代も増えているし、忘れようとする人も多いと思うんですが、どういうふうにしたら日本人と朝鮮人が仲良く暮らしていけるかと、そういう点についてはどうですか。

　私は日本人から言えば在日朝鮮人一世です。一世というのは、まだまだ固い気持ちが溶けません。植民地時代のね。実際にひどかったから。それをいくら忘れようと思っても忘れられない。これは死ぬまで恐らく持っていくと思いますけれども。これはそうだからと言って、日本人と対決するとか、そういうもんじゃない。私は本を出してから、いろいろ中学校とか小学校とか呼ばれて話をしに行きました。行ってみんなに言うことは決まってます。どうぞみんなが大きくなったら、世界一のええ国の日本をつくってくれと。それが私達朝鮮人にも助かる道だと。ということは朝鮮と日本は一番近いんです、地理的にもね。日本がええ国になる、平和でそして良心的な、国になる、そうすると私達も安心して暮らせるんです。だから私がいつでも言うことは決まってます。とにかく、あんた達が大きくなって大人になったら、日本が世界一ええ、良心の国になって、一番暮らしやすい、幸せな国をつくってくださいと。私も気持ちは同じです。日本の国がよくなってほしい、ええ国になってほしい、良心的な国になってほしいと、それればかり願ってます。

□そうすると、日本人の側からもそういうふうに暮らしやすいような状況をつくってほしいと、そういうことですか。

それはそうです。まず日本人がかじを取らなければ、これはできません。私がなんぼ、朝鮮人が日本をよくしよう、よくしようと考えても、これはなかなかできるもんじゃない。日本人がまず、今言ったように法律でも悪い法律はどんどん直していく、ええ法律はどんどん残していく。そうすればええ国になるんと違いますか。

Ⅵ 朝鮮でのコマ遊び

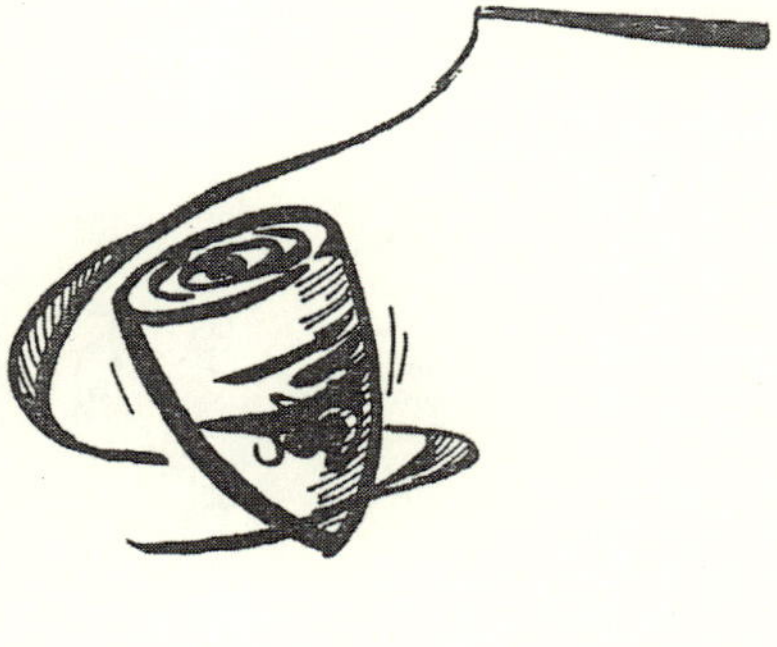

池田市の市制が昭和十四年というと、日中戦争の始まりが昭和十二年七月七日ですから、日本の八年間続いた戦争の初期で、何かにつけて大変だったろうと思います。

その頃、私は小学校三年生でした。確か、南京陥落《ナンキンかんらく》とかで提灯行列《ちょうちんぎょうれつ》をしたことを覚えております。あれから五十年、私も日本に来て四十五年になり、現在六十歳です。一口に五十年といいながら、それは一世紀の半分であり、実に長い年月であります。私にとっても、日本に来て過ぎ去った四十五年は長い年月でありました。

私は一朝鮮人で昭和四十五年に池田市に移住しました。池田市民となって十八年になりますが、私が生まれた故郷で過ごした年月よりも長くなりました。

私が子供の頃は、日本の植民地下にありましたが、故郷の農家において、植民地の子とか、日中戦争のこともそれほど影響もなく、至極《しごく》平穏な日々を過ごしておりました。四季を通じて同じような遊びに明け暮れておりました。その遊びの中で特に正月になりますと、コマ回しの風景を懐かしく思います。

今から十年ほど前までは、池田でもコマ遊びを見かけましたが、最近はあまり見かけることがありません。ちょっぴり淋《さび》しい思いです。

五十年前の子供の頃、四、五人でコマ回しをしていると、「天下泰平《たいへい》じゃのう」「それにしてもよく泣くの」と意味の通じないことを残して、大人たちが通り過ぎて行ったのを思い出します。

当時の大人たちは、日本の植民地支配下にあって、日中戦争に心をくだき、日本の不法行為を恨《うら》んでおりました。子供たちのコマ回しを見ると、コマにまで時世の嘆きが吐《は》き出されていたのだと思います。

そこで、よく泣くコマの話ですが、朝鮮のコマは泣く（音を出す）ところに特徴があります。それは手作りであることと、材料選びが独創的であることです。コマが出来上がるまでのことを簡単に紹介します。

まず最初に山に行き、手頃な松の木を捜し、松の枝を長さ十センチ前後のものを根元から切って、その切り口が赤みがかかった茶色であればコマの材料に適しています。それをコマの長さ七センチぐらいにします。その後はのごとく黒の部分を良く切れる刃物で削り取ります。あらかじめ頭の部分は二センチ、胴体を五センチに区分をつけて削ります。次に回す道具ですが、五十センチぐらいの生木の棒がいります。生木のまま弓なりに曲げても折れないもので、根元が大人の人差指ぐらいの太さが適当です。

次は回すヒモです。私が子供の頃は麻の原皮を使いました。現在はビニール系の荷造用のヒモでダイヤル式電話コードぐらいの太さのものでいいと思います。長さ五十センチほどに切って、一方の先を用意した棒にしっかりくくります。そして、一方の方は先から十センチぐらいのところで結び目をつけます。すると結び目の先はよりがとけるはずですから、その部分は両手の平らでもみほぐします。このほぐした部分をコマの胴体の下の方から一回だけ重ね巻きにし、順番に上の方へ巻き上げます。棒の先がコマに当たるまで巻いて、片方の手でコマをしっかり持って、棒を持った片方の手で棒を外側へはねる気持ちで棒を弓なりにします。頃合いを見ながらコマを地面に近づけてコマを持った手をはなします。コマが勢い良く回ったら、瞬時をあたえず棒を振り上げ、そのヒモの先端がコマに当たるように次々とたたきます。ヒモの先端でたたくのです。コマがとぶほどたたくのです。すると、コマは泣き始めます。たとえようもない哀調を帯びた音を出すのです。これが朝鮮のコマ回しの風景です。

その昔、どんな人が考え出したのか知りません。朝鮮という国の位置においては、三千数百年の間、周囲を取り巻く大国に囲まれ、生き延びざるを得なかった民族の悲哀《ひあい》を、伝統的なコマ遊びに独創《どくそう》を組み込んだのではないかと私は想像するのです。

李興燮さんとの出会い

川口　祥子

私が李興燮さんを知ったのは最初の勤務校である池田市立北豊島中学校の時である。娘・東珣《トンスン》さんの担任であった室田卓雄さんの熱心な働きかけにより、私たち教員は強制連行がどのようなものであったかを初めて知ることができた。李興燮さんご自身の文章と聞き書きを教材として活用し、それを本にまとめる経過については葦書房『アボジがこえた海—在日朝鮮人一世の証言』（一九八七年）のあとがきに室田さんが詳しく記している。ただひとつ忘れられないことがある。本の出版社を探す過程で、私は以前の勤務先の同僚であり、当時は福岡で出版活動をしていた久本三多氏（故人）にタイプ印刷の『娘に語るアボジの歴史』を送った。するとすぐに「うちで出版させてください」との電話が来た。李興燮さんの文章は、福岡に根を下ろした名編集者の心を寸時に射ぬく内容をもっていたのだ。

働正氏の装丁による美しい本ができ上がり、池田市の教員たちで出版記念会を行った。一九九二年には二刷もされたが今は品切れになっている。しかしこの本を広めることは私の仕事のひとつと思っているので、今も古書で出ているのを見つけると購入しては読んでもらいたい人に差し上げている。

転勤してからも在日朝鮮人について学習するとき、何回か李興燮さんに来ていただき中学生に話をしていただいた。また在日朝鮮人生徒・保護者との対応でわからなかったり、迷ったりしたときは李興燮さんを訪ねた。あの本の語り口のように、温もりのある訥々としたお話のなかに、なにか問題解決の糸口が見つかり、励ましをもらうことができたからである。

私はあの朝鮮人的風貌をした李興燮さんが白い民族衣装を着て、故郷である黄海道谷山の畑で働いておられる姿を想像することがよくある（実際今は白い民族衣装を着て働いている人はいないだろうが）。もし、強制連行ということがなければ、あの思慮深く、謙虚なお人柄ゆえに、きっと村の長老として慕われ、平穏な老後を送っておられるに違いない……。いつか私がそんな話をしたとき「いや朝鮮戦争の時に空襲で死んでいたかもしれませんよ」と言われ、解放後も朝鮮半島は戦争と分断という過酷な状況にあることさえ思い浮かべることのできない、気楽な日本人であることを思い知った。

確かにこの日本では一九四五年八月十五日以後今日まで戦場にはならず平和であったと言える。しかし自らの意志ではない渡日とその後のやむを得ない在日約七十年になる日々の暮らしは、すでに八十歳をかなり超えられた李興燮さんにとって、決して穏やかで豊かなものであったとは言えないと思う。

ここに小さな紙切れがある。「憲法九条を守る会／戦争を放棄する（ホーキ）会／原則・会則

会費＝ナシ　高校生以上誰でも　寄付一万円以上禁止」と書かれている。

いつだったかは忘れたが李興燮さんがまだ仕事をしておられたころ、珍しく電話があり来てほしいとのことなので仕事場に立ち寄った。その時「こんなこと考えているんですよ」と少し恥ずかしそうにしながらこの紙を渡された。さらに、最近若い人たちが「ひきこもり」など、生き難い状態にあるということをよく聞くけれど何か力になれれば、とも言われた。そのとき私は、李興燮さんの思い——平和と若い人たちを思う気持ち——に胸が熱くなったが、会を作るということを手伝える状態ではなかった。その代わりに「九条の会」の出版物や池田と箕面の「九条の会」催し案内等をお届けしたのだが、その後どうされたかは聞かずじまいだった。もう少し何かできたのではないかと後悔めいた気持ちが残っている。そして李興燮さんは再び故郷を見ることなく、この日本で生を終えてしまわれた。

解説

室田 卓雄

本書が出版されるまでには、実に長い年月が経った。前書の『アボジがこえた海』（葦書房）は一九八七年四月の出版であり、その年から二十七年、娘さんの「聞き書き」が始まった年から数えると三十七年ほど経ってしまった。こんなに長くかかるとは思ってもいなかった。前書『アボジがこえた海』の巻末に「体験記をお願いして」と題して、本のできた経過を記したが、書き落としたこともあり再度振り返ってみたい。

最初の『アボジがこえた海』の原稿は、一九七七年十二月、池田市立北豊島中学校三年生に在籍する娘、谷山敏子（李東珣《リトンスン》）さんに父親の李興燮さんが語る、それを敏子さんが書き留めるということから始まった。翌年の一月、三学期が始まって、すぐ彼女から「先生、書けました」と、レポート用紙数枚にぎっしりと書かれた原稿が届いた。そこには李さんから断片的に聞いていた内容が驚くほど克明に書かれていた。続きが読みたいと彼女にお願いをしたが、卒業後の春休みになってしまった。

最初の原稿と後に届いた原稿を合わせ、小見出しを付けて読み易くし、『娘に語るアボジの歴史』

（上）と題して、一九七八年十月にA５判二十六ページの冊子にした。そして、北豊島中学校の全教職員に配布されることになった。それは話には聞く強制連行の体験が記されており、驚きの声とともによく書いてくださったという感謝、さらにぜひ続きが読みたいという声が寄せられた。その声を李さんに伝えると、「いいですよ」との返事であった。

この娘さんの「聞き書き」から始まった体験記は、途中から李さん自ら執筆する形になり、辞書を引きながら下書きをし、清書されたものができあがった。しかし、順調に筆は進まなかった。中断、再開を繰り返しながら時間をかけて書いていただいた。続編ができあがったのは、三年後の一九八一年五月、同じくA５判の小冊子である。その冊子は、先に書いていただいた（上）のものを入れ、百八頁にもなった。さらに、一九八五年五月に第三集を発行、一九八六年二月には完結編として第四集が発行された。第二集・第三集の発行にあたっては、池田市の「学校教育振興特別助成金」を得ることができた。李さんからいただいた原稿は、当初から北豊島中学校在日朝鮮人教育分科会のメンバーが原稿用紙に清書し、小見出しを付け、文字等の訂正・校正を何度も行った。

このようにして八年間かけてできあがった四冊の冊子、それを同僚の川口祥子さんが葦書房の社長・久本三多氏に紹介して『アボジがこえた海』として出版された。ほんとうにありがたいことであった。本の題名は久本氏によるものである。

さて、この間に李さんの家庭では色々なことがあった。そのことを簡単に記したい。

娘さんの敏子（李東珣《リトンスン》）さんは、一九七八年三月、北豊島中学校を卒業した後、東大阪市にある大阪朝鮮高級学校に進学した。朝鮮高級学校は遠方ではあるが、娘に朝鮮人として誇りを持って生きていってほしいとの父親の強い願いであった。李さんは七年間、父子二人の生活を続けてきたが、一九七九年六月に再婚された。相手は在日朝鮮人二世の尹《ユン》善己さんである。池田市に隣接する伊丹市に住んでおられた。若くてきれいな方であった。尹さん三十五歳、李さん五十歳の時であった。市内の住吉神社での披露宴に私も招待していただき、幸せいっぱいのお二人の姿が今でも浮かんでくる。そして、翌年三月に娘、華さんが誕生した。一方、敏子さんは大阪朝鮮高級学校卒業二年後の一九八三年に結婚され、名古屋の方へ行かれた。

李さんの店舗兼作業場（金属回収業）は豊島南二丁目の新開橋の堤防上にあり、自宅は近くの国道に面した借家であった。結婚されたこともあり、少し離れた神田三丁目に移られ、住所が変わったと嬉しそうに話された。後にその新居に私は何度も足を運ぶことになった。

このようにご自分と娘さんの結婚、転居、出産等多忙な日々の中で仕事をしながら、昔のことを思い出し、昼食後メモを取り、夕食後ひと眠りした後、真夜中に起きて執筆されていた。奥さんによれば、家では書いていた様子を見たことがないとおっしゃっていたが、家族が寝静まっているときに必死になって書いておられたのである。私は月に数度は新開橋の店舗に立ち寄り、立ち話をし、時々原稿のお願いをして帰るということを続けていた。李さんは店舗ではたいてい作業をされており、手を休めての立ち話、時には腰をおろしタバコを取り出し一服しながら話をしてくださった。自分の体験を少しも誇張することなく、いつもニコニコ、淡々と昔のことを話してくださったが、その内容は驚きの連続であった。時には世間話だけのこともあったが、李さんはよく通る声で話上手である。また、仕事上で困っていることも率直に話してくださった。私にとって訪問は楽しみの一つであった。

一九八七年四月に本が出版されて、五月十六日に池田市立青年の家（現市立カルチャープラザ）で出版記念祝賀会が開催された。地元の小・中・高等学校の教員、行政や李さんの関係者だけでなく、大阪市、藤井寺市の教員や、出版を喜んでいただいた方々、そして出版社（葦書房）の久本三多社長も出席され、総勢九十名を超える参加者であった。手作りのささやかな祝賀会であったが、ゲストに大阪市生野区在住の李順子《イスンジャ》さんを招いて「民族の心を歌う」として、「アリラン」等数々の朝鮮の歌を披露していただいた。また多くの方々から心のこもった祝辞やメッセージがあった。この祝賀会は学習会的内容でもあり、同年八月二十三日に記録集として祝賀会実行委員会から冊子が発行された。

この記録集を李興燮さんに届けて数週間後、以前から考えていた続編（朝鮮戦争の頃までのこと）をぜひ書いていただきたいということを思い切って切り出してみた。返事は「いいですよ」という快諾であった。

前書が出版されたときは、『西日本新聞』（一九八七年五月十五日夕刊）に顔写真入りの七段記事で大きく紹介されたのをはじめ、『読売新聞』（五月三十一日）、『毎日新聞』（六月十九日夕刊）、そして地元の『池田市広報』（六月十五日号）でも紹介され話題になった。当時、李興燮さんは五十八歳、元気そのものであった。講演依頼もあちこちからあり、本に書かれた内容と、自分の思いを率直に語られ、多くの方から感動的な感想がたくさん寄せられた。次々と講演依頼があり、中には毎年講演に行った学校もあった。李さんからいただいたメモによるとつぎのとおりである。

☆池田市民共闘会議（一九八七・六・一〇、中央公民館）☆枚方市教育委員会（同・九・一六、市民会館）☆池田市人権擁護推進協議会（同・一〇・二一、市役所七階大会議室）☆箕面市教職員組合（同・一一・六、市民会館）☆豊中市立第五中学校（同・一二・五、体育館、全校生徒）☆豊中市立第十一中学校（一九八八・二・六、体育館、一・二年生）☆宝塚市立第一小学校（同・七・九、教室、四・五年生）☆姫路市教職員組合（同・九・三、教育会館）☆伊丹市立摂陽小学校（同・一二・一八、講堂、四〜六年生）☆豊中市立第十八中学校（一九八九・二・一三、体育館、全校生徒）☆豊中市同和教育研究協議会（同・三・一八、克明小学校会議室）☆豊中市同和教育研究協議会研修会（同・七・二八、みのお山荘）☆高槻市教育研究会（同・一〇・一八、高槻小学校会議室）☆豊中市立第十一中学校②（一九九〇・一・二〇、体育館、一・二年生）☆豊中市立第十六中学校（同・二・二一、体育館、全校生徒）☆豊中市立第十七中学校（同・七・一八、体育館、二・三年生）☆伊丹市立南小学校教職員（同・七・二八、会議室）☆大阪の戦争展（同・七・三〇、通天閣）☆部落解放池田地区研究集会（同・一〇・二〇、石橋中学校）☆豊中市立第十八中学校②（同・一一・一九、体育館、二・三年生）☆兵庫県氷上郡春日町立春日中学校（一九九一・一一・二六、体育館、二・三年生）☆豊中市立第十七中学校②（同・七・三一、体育館、全校生徒）☆池田市立渋谷中学校（一九九二・二・二二、体育館、三年生）☆池田市立渋谷中学校②（一九九三・二・二六、体育館、三年生）☆池田市立渋谷中学校教職員研修会（同・三・二一、会議室）☆大阪弁護士会人権擁護大会（同・一〇・四、大阪弁護士会館）☆池田市立細河中学校（同・一〇・二八、体育館、三年生）

残念ながら李さんのメモ（レポート用紙一枚）は、ここまでである。二枚目は紛失されていた。これ以外にも一九八九年十一月二十一日には、ＮＨＫ教育テレビ番組「庶民が生きた『昭和』ムクゲの花と別れて」三回シリーズの二回目、「在日韓国人・朝鮮人の六〇年・終戦」がある（十月二十三日取材）。平林久枝さんが三人の在日朝鮮人にインタビューする内容であり、その一人が李さんであった。後にこの番組は『ＮＨＫ　聞き書き・庶民が生きた昭和』［２］（日本放送出版会一九九〇）に収録され出版された。そこでは李さんがどのようにして日本に連れてこられ、炭鉱でどのように働き、そして脱走したかという『アボジがこえた海』に書かれたことも語っているが、戦後、祖国に帰ろうとして博多に行ったことがつぎのように語られている。

戦争が終わって二週間ぐらいたって博多の港へ行ったときにまっ先に困ったのは、寝るところでした。あの当時は、博多の築港に軍隊の馬小屋があったのです。その馬小屋が当時は全部あいていました。そこを掃除して、リヤカーを借りてきて、馬の汚物とかそういうものを全部海へ運んで投げ捨て、それからムシロを敷いた。これが自分の寝場所、と。私は地獄というものがあったらこういうものだろうなと思いながらやりましたけどね。

当時一番印象を受けたのは、ある一人の日本人でしたよ。これはもう、ほんとうに嘘じゃないんです。兵隊から引きあげてきた人でしたが、背中に白いタスキを掛けて、その前と後ろに「命売ります」と書いてあったんです。私はあの当時、命を「売る」ということの意味がはっきりわからなかったんです。その人は博多の駅を毎日ぶらぶらしていました。この日本人はほんとうに切羽つまっていたんだと思いますね。(『同書』二四五・二四六頁)

この話は、私は李さんから何度も聞いていた。「『命売ります』ということは、後々考えてみると『何でもします』ということだったと思う。本当の苦労は戦後のほうだった」と言っておられた。続編にはこれらの内容やヤミ商売のことも書いてほしいと思っていた。

一九八八年十一月五日（土）の池田市立北豊島中学校の文化祭では、三年生の熊谷清美学級で「サラム・人として生きる」と題した演劇が上演された。『アボジがこえた海』を生徒たちが読み、膨大で難しい内容をコンパクトに脚本化して、練習を重ねて上演したすばらしい演劇であった。李さんと私は文化祭に熊谷先生から招待され、体育館で多くの生徒と一緒に鑑賞させてもらった。

同じように、宮崎県北諸県郡高城町の町立高城中学校の二年生担任の中小路淳先生が演劇にされ、一九九七年十一月の文化祭で上演された。その録画ビデオテープと台本（平和へのメッセージ）が担任の中小路淳先生から李さんのもとに届けられ、私も拝見した。かなり長編のものであり、生徒たちの熱演が伝わってくる舞台であった。

続編については、書いてくださると、私や葦書房の久本三多氏に約束してくださったが、一九八八年には円高によって仕事が困難に陥り、李さんにとっては精神的に落ち着かない日々が続いていた。一時店舗を閉じて、取引先の会社に勤めた時もあった。そのような状況の中で、一日に数行、日によっては一行も書けなかったようである。

五年ほど経った一九九三年の早春、李さんから「先生、やっと何とか書けました」と、葦書房専用の原稿用紙にびっしりと文字が詰まった、達筆のボールペン書きの原稿を受け取った。大きな紙袋に入った百五十三枚の原稿であった。なかば諦めていたこともあり、感激と感謝の気持ちで一杯になった。厳しい生活状況下、各地での講演をこなしながら、深夜必死に原稿を書いてくださっていたのである。早速その原稿を私の北豊島中学校時代の教え子で大学三回生になった田中明子さんにワープロ入力をお願いすることにした。時間と労力を要する作業を快く引き受けてもらい本当にありがたかった。入力されたその原稿の校正も二回ほど重ね、出版と次の原稿に備えた。しかしその後、二十年以上経過することになった。

二〇〇六年三月、私は池田市立呉服小学校長を最後に定年退職した。北豊島中学校に勤務していた三十代から神戸の田中久夫先生の主宰する御影史学研究会に所属し、民俗学に興味をもって勉強していた。毎月第四日曜日が月例会である。その研究会で後に流通科学大学の副学長になられた白石太良先生に声をかけていただき、運よく退職後、流通科学大学で非常勤講師として勤務させていただくことになった。担当は「人権問題論」の一コマである。大学ではどのようなシラバス（講義内容）をつくるかは担当者に任されていたので、十五回の授業の中に一回は特別講義として、李興燮さんに来ていただくことにした。

私にとって初めての大学の授業は、約四百名の学生を前に拙い講義で悪戦苦闘を続けていた。そのような中で最初に来ていただいたのは、二〇〇六年六月二十七日、十二回目の授業である。李さんは池田市の自宅から二時間ほどかけて来られて、「三宮から地下鉄で思った以上に時間がかかりました」と、いつものニコニコした顔で約束の時間に大学に到着された。前記のとおり李さんは本の出版後、あちこちから講演依頼があったので人前で話をするのは慣れておられた。しかし、大学はじめてということで内心は緊張されていたかもしれないが、そんな気配は少しもなかった。当日の受講生は三百九十三名であった。白板に「演題　私が歩んできた道」、「講師　在日朝鮮人一世李興燮さん」と大きく板書した。最初に李さんを紹介し、すぐにマイクを渡した。李さんは開口一番「みなさんがうらやましい」と言って学生の気持ちを引き付けられた。その後、「私は小学校四年生までしか行っていません。大学生を前に話をするなんて、夢にも思っていませんでした」と言われた。李さんの話は、いつもと同じようにはっきりした言葉で淡々とした話しぶりであった。学生たちはいつもの私の授業よりも随分静かだった。約七十分、演題に沿って、現在の心境も交えながら語られた。この年度は前期だけの授業であったが、翌年から前期、後期と授業を持つことになり、年に二度李さんに来ていただくことになった。李さんは二〇〇九年度前期から足（膝）が痛いということで、私の車で自宅から学校まで送り迎えすることになったが、二〇一二年度の前期まで、計十二回の講演をしていただいた。最後の時は八十四歳であった。

いつも大学での講演を楽しみにしていただき、当日は新開橋の店舗には「本日休業　流通科学大学講演」という大きな看板を掛けておられた。

この間の二〇〇八年十月五日、十五年戦争研究会（会場・ピースおおさか）で体験を語られたり、二〇一〇年八月六日、池田市立北豊島小学校の平和登校日で講演（四年生以上）されたりした。

ところが二〇一一年七月八日午後、李さんはいつものように病院から自転車で帰る途中、車道から歩道に上がる所で転倒し、救急車で市内の巽病院に運ばれるという大事故に遭われた。このことにより仕事ができなくなり、店舗も閉めざるを得なくなった。巽病院で一か月ほど入院後、千里中央病院に移り治療を受け、十一月の初めに退院された。自宅に帰ってからは週二回、後に週三回、阪急池田駅の近くにあるパナソニックエイジフリー池田デイセンターに行くだけになった。歩くことが少なくなったので、足の痛みが増し、一人では外出できなくなってしまった。時間を持て余しておられる状態なので、お見舞いに自宅に伺った時には何度か『アボジがこえた海』の続きを書いてくださいと話もした。李さんもずっと気にされていて原稿用紙を購入されたりしていた。

その年の十二月六日、李さんに元気になってもらうため、引き続き流通科学大学での講演をお願いした。念のため車椅子を車に乗せて一緒に大学までお連れした。当日の受講生は九十六名、中教室である。幸い教室は控室からそう遠くなかったので、ゆっくりであるが歩いて行くことができた。言葉は今までと同じようにはっきりとしていた。李さんの講演は大学以外でも何度も聞いてきたが、いつも同じということはない。「どのようにして日本に連れてこられたか」、「炭鉱での生活」は同じであるが、あとはその時々の自分の気持ち、昔の思い出などを語られるスタイルである。それで演題も「私の歩んできた道と現在の思い」とした。約五十分間お話をしていただいた。大事故に遭い、入院治療そしてデイサービスを受ける生活の中で、大学での講演は大変な努力と精力を使われたことと思う。帰りの車の中ではほとんど寝ておられた。感謝の気持ちとともに、李さんのリハビりにもなればいいのだがという気持ちでもあった。

本書の構成は六編からなっている。

最初のⅠ「玉音放送を待つ」、Ⅱ「帰国への期待」の内容は、先に記したように、一九九三年に李さんからいただいた原稿である。終戦（解放）の日から数日間の当時の思い、一緒に働いていた尊敬する人たちのこと、心の叫びを克明に綴ったものであった。李さんにとっては、八月十五日は鮮明に記憶に残っている特別な一日である。そして、飯場を後にして博多港に行ったこと。そこで見たこと、取った行動、実に鮮明に覚えておられる。ⅠとⅡは少しダブる内容もあるがそのまま収録した。その当時の思い出とともに朝鮮での生活、学校、家族のことなどが次々と脳裏に去来している状況が綴られている。小見出しは、内容に沿って適宜、前書と同じように入れた。

Ⅲ「証言・強制連行」、『東和新聞』（週刊）の連載記事は、『東和新聞』（一九九〇・六・二八）に載せてもらったと李さんから見せてもらい、最初の記事（「畑からそのまま連行（１）」）をいただいていた。連載記事であったので、その後も読みたいと思っていたが、李さんからは新聞社から送ってきたという話がなかった。後日、分かったが、『東和新聞』の記者から取材を受け、九回に及ぶ連載記事になっていた。連載当時、東和新聞社は大阪市浪速区元町二丁目の某ビル内にあったが、後に廃刊となり新聞社もなくなっていた。大阪市北区中崎の民団大阪府地方本部に二度行き、この新聞を所蔵されていないか、取材記者は誰かと尋ねたが不明であった。大阪市立中央図書館のレファレンスサービスで調べてもらうと、大阪府内の図書館にはなく、国立国会図書館にあるが、それも全部揃っていないとのことであった。二〇一三年七月二十二日に東京の国立国会図書館に行って調べると、幸運にも連載記事が載っている新聞が全部残っていた。さっそくコピーを取って持って帰った。

『東和新聞』の連載記事では、「朝鮮人」という言葉を使わず、すべて「韓国人」となっている。李さんは朝鮮籍であり、取材では、はっきりと「朝鮮人」と言われていたはずであるが、民団系の新聞社であるため、「韓国人」となっている。ふりがなは適宜つけたり、明らかに間違いと思われる個所は直したが、小見出しも含めてすべて原文どおりである。

連載記事の内容は、前書『アボジがこえた海』に詳しく書かれている。

Ⅳ「今、歴史の真実を静かに語る　強制連行した人とされた人」は、青丘文化ホール主催の集いで一九九〇年七月二十七日に法円坂会館で開催され、二百名を超える参加者があった。その「集い」で強制連行された人として李さんが証言された。ここに収録した李さんの発言は『青丘文化』五十号（一九九〇・一二・二四）に掲載されたものである。発言後の質疑内容は続号に載る予定であったが、残念なことに五十号で廃刊になったため、発言内容を確認することができず載せることができなかった。

青丘文化ホールは故・辛基秀さんが主宰し、大阪市天王寺区寺田町に一九八四年六月に開設され、韓国・朝鮮に関する多くの資料を集め一般に閲覧できるように、また各種の文化講座を開くなど活発な活動をしていた。一九八七年五月の『アボジがこえた海』の出版記念祝賀会には辛基秀さんも出席していただき、お祝いのことばをいただいた。映画「日本列島と朝鮮半島」や「解放の日まで」の制作、後には朝鮮通信使に関する資料発掘で大きな業績を残された方である。

Ｖ「裁判所証人として」の内容は見出しのとおりであり、一九八八年七月五日に大阪地方裁判所で証人として述べた記録である。指紋押捺拒否で外国人登録法違反に問われ裁判になった洪仁成《ホンインソン》さんと、その弁護人・空野佳宏さんの要請で証人となり出頭された。後日、空野弁護士から李さん宛に送られてきたものである。裁判所において「良心にしたがい、知っていることをかくさず、正直に述べることを誓います。」と宣誓して署名、捺印し、証言されたものである。文中の弁護人とあるのは空野弁護士である。

最後のⅥ「朝鮮でのコマ遊び」は短編である。池田市制五十周年を迎えた一九八九年に池田市教育委員会が市民に戦争体験や被差別体験記を募集し、集まった体験記をもとに、『私の歩んできた道』（A５判・一九七頁）と題して発行した本に掲載されたものである。当時、私は池田市教育委員会同和指導室でこの本の編集担当をまかされていた。李さんに、「短くていいです。どんな内容でもいいですから」と、お願いして書いていただいたものである。翌年の三月に同書は発行され、市立幼稚園・小学校・中学校の教職員全員に配布された。平和教育、人権教育の教材として活用されることになった。

以上、『続 アボジがこえた海』と題して李さんが直接書いたもの以外に、新聞連載記事、証言内容等色々なものを収録した。重複する箇所もあるが、どれも貴重な内容であるのであえてそのままにした。ふりがなのみ適宜入れた。

李興燮さんには、何十年という本当に長い期間にわたって、体験記の執筆をお願いし続けてきた。仕事や家庭、ご自身の事故のことなどで気の休まることは少なかったのではないかと思うと、このようなお願いをすることを申し訳なく感じることも度々あった。しかし、李さんの人生は多くの在日朝鮮人一世の姿ではなかろうかと考えると、やはり何としてもこの記録は残しておかなければと思い続けていた。

最後に敏子（李東珣）さん、李さんがいつも敏子、敏子と言っておられた娘さんの敏子さんのことについて触れておかなければならない。東大阪市にある大阪朝鮮高級学校卒業後、二年ほどして結婚されたことは前に記した。長男が誕生し、しばらく幸せな結婚生活を送られていたが、諸般の事情で離婚され、お子さんを連れて池田に戻ってこられた。お子さんを保育所に預けて働いておられたが、悩みも色々あり、三十二歳の若さで亡くなられた。私は李さんとはお会いすることが多かったのに、なぜもっと敏子さんの相談相手になれなかったのかと悔やんでいる。今も残念で仕方がない。彼女の遺骨は遺言通り李さんが湖東三山の一つ、百済寺に持って行き、その末寺に納骨されたそうである。この『続 アボジがこえた海』は、その敏子さんの御霊にも捧げたいと思っている。

本書が出版されるまでには多くの方々にお世話になった。中でも李さんの原稿入力、テープ起こしでは田中明子さん、校正では元池田市立呉服小学校教諭で二〇〇二年四月、同校の民族学級としての母国語教室の開設に尽力された大上一枝さんに大変お世話になった。そして、本書に寄稿していただいた川口祥子さんは、現職時代は池田市在日外国人教育研究協議会（市外教）の事務局長として、長きにわたって池田市の在日朝鮮人教育の中心になって活躍されていた。退職後は大阪外国語大学（現大阪大学）に編入学され、語学と朝鮮の歴史や文化を学ばれた。研究成果として、一般にはあまり知られていない戦前からの人権弁護士、布施辰治に関する論文「一九五一年東京朝鮮人中高級学校事件―戦後の布施辰治と朝鮮人（その一）―」（『在日朝鮮人史研究』42号　二〇一二）等がある。昨年、李さんを訪問した時、李さんは、川口さんから送られてきた論文の抜き刷りを手にされて、「布施辰治に会ってみたいな」とおっしゃっていた。

二〇一四年八月一日に、李さんは満八十六歳になられた。在日朝鮮人一世として、戦前から数々の苦難を乗り越え今日に至ったのは、仕事で鍛えた強靭な体と、奥さんの尹善己さんや娘の華さんに囲まれた温かい家庭があったからであろう。しかし、本書を出版するために進めていた校正（再校）中に、李さんは巽病院の介護老人保健施設に入居した数日後、突然容態が悪化し、十月十七日深夜に亡くなられた。生前に約束し、出版された本をお見せすることができなくて残念でたまらない。

葬儀には川口祥子さんと一緒に参列し、身内だけの簡素な告別式であった。読経の代わりにアリラン等の朝鮮民謡や李順子さんのテープの歌声でお送りした。この葬儀に関しては池田市役所・生活福祉課の安岡一樹課長には、土・日にも関わらず数々の御配意をしていただいたこと、ありがたかった。

告別式から一週間経って、その後の様子が気になり、奥さんの善己さんに電話を入れると、私や川口先生に渡したい物がありますということであった。急いでお伺いすると、これまで李さんのベッドがあって開け閉めできなかった押し入れに大きな包みが三つほどあり、生前、渡すように言われていましたと言って、取り出された。そこには、一九八七年の『アボジがこえた海』の出版に関しての新聞記事から、講演での児童・生徒の感想文をはじめ、各種の資料がファイルや封筒に入っていた。自分で集められたものもあるが、色々な方から送られてきたものを全部大切に保管されていたのである。その中に、なんと原稿用紙に書かれた八枚の続き原稿があった。いつごろ書かれたものかはっきり分からないが、ベッドが入る前に書かれていたことは確かであるので、二〇一一年十月以前のものである。その原稿は本書の一〇四ページの「アメリカを主力に……」からの分である。

何度も訪問していたが、李さんから書いたものがありますということは聞かなかった。おそらくもっと書く予定だったと思われる。ベッドがなくなったことにより、目にすることができた。

最後にお断りしておきたいことがある。李興燮さんは故郷で小学校四年を終えたのち（それも四年生は日本語が強制され不登校ぎみであった）、教育を受ける機会がなかった。日本語は渡日後自力で獲得されたものである。したがって一九八七年の『アボジがこえた海』と同様に今回のⅠ、Ⅱ、Ⅵも著者独特の日本語表現がみられる。しかし掲載にあたっては、歴史認識部分とともに、明らかな間違いと思われるところは訂正し、それ以外は原文を尊重した。また、小学生にも読めるようにふりがなを多くつけた。

さらに名前のことである。前書は李興燮に「リフンセビ」とふりがなをつけていた。著者もそのように名乗っておられた。しかし、「燮」の朝鮮語音を日本語で表記すると「ソプ」となる。そのため続編発行にあたって「リフンソプ」と改めさせていただいた。

本書を出版したいと思いながら長年実現できなかったが、このたび、解放出版社の小橋一司氏のお陰で、このような立派な本になったことは、望外の喜びである。大きな仕事が終わったことの安堵とともに故・李興燮さんをはじめ、お世話になった多くの方々にお礼を申しあげます。

二〇一四年十二月

『アボジがこえた海』目次（葦書房）

李興燮
アボジがこえた海
在日朝鮮人一世の証言
朝鮮人強制連行
胸打つ重い証言

李興燮（リ フンソプ）

1928年　朝鮮・黄海道生まれ。
　　　　雲中普通学校（小学校）を4年で卒業。
　　　　家の農業を手伝う。

1944年　5月、徴用で日本に連れてこられる。（満15歳）
　　　　佐賀県の住友唐津炭鉱で働かされる。

1945年　元旦、同炭鉱を同僚と2人で脱走。唐津の飯場に入る。
　　　　後に北九州各地で飛行場造り、防空壕掘り等に従事。
　　　　8月15日終戦。帰国のため博多港に行くが、数十万人の帰国者のため、何ヵ月も足止めになり、帰国の機会を失う。
　　　　後に日本各地の飯場で働く。

1970年　夏、池田市に転居し、新開橋の所で金属回収業を始める。

1987年　『アボジがこえた海』葦書房から出版。

2011年　店舗兼作業場を閉める。

2014年　10月18日、死去（満86歳）。

室田 卓雄（むろた たくお）

1945年　京都府生まれ。

1969年　関西大学（Ⅱ部）文学部史学科卒業。

1971年　池田市立北豊島中学校に新任教諭として15年間勤務。後に池田市教育委員会・池田市立石橋中学校・能勢町立東中学校に勤務。

1998年　池田市立石橋南小学校校長。後に豊中市立泉丘小学校・池田市立細河中学校・池田市立呉服小学校の各校長。

2006年　流通科学大学非常勤講師として現在に至る。

共著書　『被差別部落の民俗伝承』［大阪］部落解放研究所 1994
　　　　『池田歴史散歩』（財）いけだ文化振興財団 1999
　　　　『新修池田市史』第五巻（民俗編）1998
　　　　『新修池田市史』第三巻（近代編）2009
　　　　『池田市史』史料編⑩（近代史資料）2014

続 アボジがこえた海　在日朝鮮人一世の戦後

2015年３月21日　初版第１刷発行

著者　李 興 燮

編集　室田卓雄

発行　株式会社 解放出版社
大阪市港区波除4-1-37 ＨＲＣビル３階 〒552-0001
電話 06-6581-8542　FAX 06-6581-8552
東京営業所
東京都千代田区神田神保町2-23 アセンド神保町３階 〒101-0051
電話 03-5213-4771　FAX 03-3230-1600
ホームページ　http://www.kaihou-s.com/

印刷　モリモト印刷

ISBN978-4-7592-6225-4　NDC360　222P　21cm
定価はカバーに表示しています。落丁・乱丁はお取り換えいたします。